「認知症」でも
家族が納得する遺産相続

人生のリスクを
未然に防ぐ
意思能力鑑定

メディカルリサーチ(株)代表取締役
圓井順子

河出書房新社

推薦します

「意思能力鑑定」が今後幅広く活用されることを願う……弁護士・寺井一弘

最近は超高齢化社会になって、その高齢者人口は３３００万人を大きく超える時代になったと言われています。このような状況で私たち弁護士は遺言書についての相談を受ける機会が飛躍的に増えてきました。

遺言書には、自筆証書遺言、公正証書遺言、秘密証書遺言の３種類があります。自筆の場合は筆跡の問題が起きますが、公正証書遺言の場合は公証人が作成したものに本人がサインをするということになっており、場合によっては、自筆証書遺言と比べると本人との距離がかなり遠いことになります。

弁護士は法律の専門家として、事案に応じて日々多方面の学習、研究に励んではいるものの、その本人の公正証書遺言の作成にあたっての認知や意思能力の程度を計り知ることは難しい状況におかれています。

また、クライアント側においても、ご自身に病識がない、あるいは家族に受診を促《うなが》されてもどのような専門科目で認知機能や意思能力の相談をしたら良いのかわかっておられないことが多いと思います。

しかし、私たちは、厚生労働省の発表による「軽度認知症も含めて1300万人が認知症」という時代がすぐそこに来ていることを自覚する必要があると考えています。

メディカルリサーチ社による「意思能力鑑定」とは、存命中に本人の意思能力の有無とその程度を医学的な専門的診断と検査によって鑑定するものです。また、死後においては、遺言作成時に十分な意思能力が存在していたかどうかを限られた資料の中から専門医が適正な評価を行なうものであります。

人間の判断に科学のメスを入れるというこの試みは、遺言執行時の係争を未然に予防する大変有効な手段として、きわめて画期的なものと考えています。

私は、「意思能力鑑定」が今後、法律的かつ社会的に貴重な存在として幅広く活用されることを心から期待しております。

【日本弁護士連合会元事務総長・日本司法支援センター（法テラス）元理事長】

推薦します

「意思能力の画像化」がトラブルを未然に防ぐ……放射線科専門医・佐藤俊彦

認知症は原因となる疾患によって様々な種類がありますが、日本では、アルツハイマー型認知症、レビー小体型認知症、血管性認知症が3大認知症と言われており、その中で最も多いのがアルツハイマー型認知症です。

たとえば、アルツハイマー病の脳では、なんらかの原因でアミロイドβが蓄積し、それが脳の神経細胞へのダメージを与え、唯一のエネルギー源である糖の代謝に異常をきたすと説明されています。

したがって、最も早期に認知症の有無、つまりは意思能力の判定ができる画像診断検査機器は、脳内の代謝を見ることができるＦＤＧ－ＰＥＴという検査機器になります。

次の病態では、脳内に血流の異常を生じるため、これをＳＰＥＣＴという検査で検出し、末期に脳萎縮が起こるとようやくＭＲＩ検査で診断可能になります。

しかし、ＭＲＩでわかる段階では非可逆的変化であり、かなり進行した状態ということになります。

このように、認知症つまりは自らがした行為の結果を判断することができる意思能力の有無は、ＭＲＩ・ＳＰＥＣＴ・ＰＥＴなどの画像診断で器質的に判定できるわけであります。

私は放射線科医として、日頃から認知症の早期発見のためにＦＤＧ－ＰＥＴの画像診断を受けてくださいと言っております。

なぜなら、この検査だと、軽度認知症の段階、すなわち認知症の芽を可視化するため早期に発見できるからです。

よって、存命中に、遺言や重大事項決定における執行時の係争を未然に予防する大変有効な手段となると考えております。


【放射線科専門医として様々な画像鑑定実績を有する。

医療法人ＤＩＣ理事・メディカルリサーチ（株）顧問】

はじめに……「人生のリスクに対応する」解決策を探りたい

私たちが生きていく中で、誰もがリスクを感じられたことはあると思います。そして、その回避の1つとして保険などに加入される方も多いことと思います。でも、『転ばぬ先の杖』ではありませんが、転ぶ前に対応しておくことも重要ではないでしょうか。

「高齢者ドライバーによる死亡事故」は、免許更新時に認知機能検査をクリアーしているのにも関わらずあとを絶ちません。

「遺産相続」では、遺言書を作成する親は、まさかわが子同士が相続をめぐって骨肉の争いになることなど予想していません。しかし現実は、きょうだい間の争いが最も多く、その額は1000万円以内が約3割を占めています。さらにそこに「認知症」などがあれば、遺言の有効無効で「意思能力®」(意思能力は小社の登録商標です)が問われる事態になります。

病院での不祥事も、相変わらず後を絶ちません。画像を診断した放射線科の医師が「がん」を指摘したにも関わらず受け取った肝心の主治医がその報告書を見逃した、という患者にとっては信じられないような医療過誤が、各地で起きています。

私たちメディカルリサーチは、こうした医療過誤の問題から交通事故の後遺障害等級への精査、そして遺産相続時における「意思能力®鑑定」などを厳正中立な医療の視点で、多くの専門医と共にみなさんのリスクに対応できるような解決策を探ってまいりたいと願っております。

そして、私がこの本をみなさまにお読みいただきたいと思って執筆しましたのは、専門的な医師にすべてをお任せしてしまうのではなく、ご自分自身がきちんとした知識をおもちになって、ご自分やご家族の健康について責任のある対応をしていただきたいとの思いからでした。

2018年7月

圓井順子

目次・人生のリスクを未然に防ぐ意思能力鑑定
「認知症」でも家族が納得する遺産相続

第2章 「終活」は認知症リスクへの対応が重要

第3章 医療過誤の疑惑を解明する医学鑑定

第1章

意思能力®鑑定の社会的意義と将来性

あなたの終活、大丈夫でしょうか？

「エンディング・ノート」を用意して、終末期の医療や葬儀、お墓についての希望をあらかじめ書いて備えようという人が増えてきました。

誰でも家族などにトラブルを残すことなく、きれいに死にたいと望んでいると思いますが、残念ながら本人の意に反した出来事が起きてしまう場合が多くあります。最近、相続や株式譲渡などで、故人の遺言書が有効か無効かをめぐって紛争になるケースが増え、メディカルリサーチに相談が寄せられるようになってきました。

「うちは金持ちじゃないから関係ない」と思っている方も多いかもしれませんが、実は、遺産分割に関する裁判件数は年々増えており、このうち3割が1千万円以下の比較的少額といえる遺産の分割をめぐる争いとなっているのです。

遺言は、公証役場で公証人に作成してもらうことが最も確実な方法とされていますが、遺言作成時の本人の脳の状態によっては、財産分割の相手や金額についての判断能力が怪しまれるケースがあります。このような判断能力について、メディカルリサ

図１　（遺産分割事件の対象金額別の内訳）出典：平成27年司法統計年報

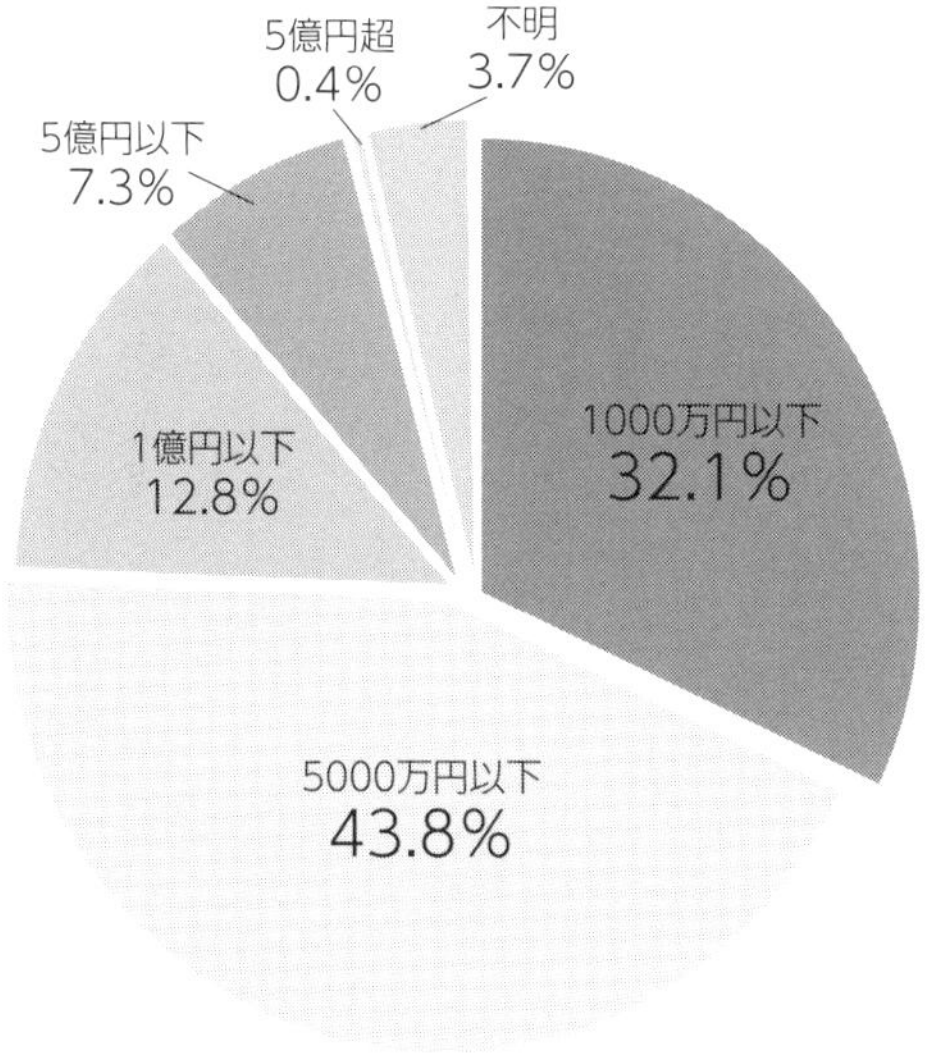

ーチでは意思能力®と定義し、登録商標を獲得しています。

中には医学的見地からの専門的な鑑定が必要になることがあり、その分野を専門とするメディカルリサーチに対して、弁護士事務所等からご相談をいただくのです。

知っておきたい意思能力®鑑定

メディカルリサーチが得意とする意思能力®鑑定は、脳の状態について医学的に鑑定をするものです。たとえば遺言書を作成したときの本人の意思能力®については、PET（陽電子放出断層撮影）やMRI（磁気共鳴画像）などの画像データ、精神科医によるカルテの精査のほか、行動や心理面での異常がなかったかどうかについての家族などの証言等をもとに判断します。

その際、認知症や高次脳機能障害といった、意思能力®に影響する病気が疑われれば、その根拠を明らかにして「意思能力なし」の鑑定を下し、意見書にまとめて代理人や弁護士、保険会社等に提出します。

最終的に裁判で勝つか、負けるかは弁護士の守秘義務があり、私たちの知るところではありません。その意味では、私たちは裏方のような存在です。一般の方々とはほとんど接点はありませんが、認知症をめぐる社会的なトラブルが他人事では済まされなくなっている中で、意思能力®鑑定の意義を多くの方に知っていただき、もしもの時の備えの在り方についてご理解いただきたいのです。

成年後見人制度との違いは？

そうした予防の意味ばかりでなく、トラブルが起きてしまったあとの問題解決にも意思能力®鑑定は効力を発揮します。

認知症になった方が不利益をこうむらないようにするための制度としては、成年後見人制度があります。この制度を使うことによって、たとえば１人暮らしのお年寄りが悪質な訪問販売の被害に遭《あ》わなくて済むといった予防策につながります。

ただ、成年後見人をつける以前に起きてしまったトラブルについては、この制度は効力を発揮することができません。

その点、意思能力®鑑定であれば、過去の不当な契約についても、契約時の当人の意思能力®を医学的な方法で鑑定することにより、契約を無効にすることができます。

訪問販売の中にも数百万円といった高額の契約がなされる場合がありますが、話が遺産相続や株式や土地の譲渡ともなれば、数千万や数億といった高額になるかもしれません。悪意のある人物が判断能力のない本人をそそのかし、遺言書や譲渡契約書を書かせるといった事件が実際に起きているのです。

医療経験者だからわかる予防医学の大切さ

メディカルリサーチのオフィスには、常に看護師が2名常駐しています。ほかのスタッフは総合病院等で医療事務やマネジメントを経験しており、顧問の医師の指導を受け、最新の医学知識をもとに的確な情報を提供するように努めています。

代表取締役の私自身も、以前は病院の看護師をしていました。日々、患者さんのケアに追われる毎日でしたが、命に関わる病気や事故が起きてしまったあとでは、私たちにできることには限度があり、悔しい思いをすることが多かったのです。

私と同じように感じていた看護師の多くは、予防医学の世界に転じます。ただ、実際は、人間ドックなどの検査を専門に行う医療機関の仕事というと、1日に50人以上の人の血液をひたすら採血し続けるなど、同じことの繰り返しが多くなります。

全体として見れば早期発見で早期治療につなげる重要な役割の一端を担うわけですが、やっていることは採血などの検査だけですから、患者さん1人ひとりの問題にじっくりと関わり、解決していくといった手ごたえが感じられないのです。

病気は防げなくても病気のトラブルは防げる

それでも私には、もっとほかに予防医学における看護の役割や専門を活かせる仕事の可能性があり、今後さらに社会的に大きな意義をもつようになるという確信がありました。そしてご縁があってメディカルリサーチの事業に参画しました。

認知症、高次脳機能障害といった脳の意思能力®を侵す病気を治療する技術はいまだに確立されていませんが、早期に確定診断を下し、適切な治療に結びつけることにより、これらの病気がもたらす社会的な問題を予防し、解決できることに強い関心をもちました。

そのために必要なことを知っていただきたくて、この本に多くの事例と解決のヒントをご紹介することにしました。予防医学の活用に関する知識が、穏やかで満ち足りた生活を続けていくことにつながり、老後の不安も軽減されるでしょう。

認知症については、軽度認知障害（ＭＣＩ）を早期に発見して早期に適切な治療を始めることで、重症化を防げるようになってきています。

また、死傷事故を起こす事例が増えている認知症ドライバーの問題も、早い時期に認知症であるという判断を出せれば、家族や周囲の人が本人に強く免許証の返納を迫ることができ、事故を未然に防げるのではないでしょうか。

遺産相続はきょうだい間のトラブルが大半

遺産相続というと、テレビの2時間ドラマの題材のように、本妻と愛人の争いであるとか、実は隠し子がいて、その子に大金を渡すように遺言されていたといった、ドロドロとしたケースを多くの方々は思い描くかもしれません。

ところが実際にメディカルリサーチに持ち込まれるケースは、血縁者間の争いが大半となっていいます。実のきょうだいの間など、ごく近しい間での問題が多くなっています。相続額については先ほどご紹介した最高裁のデータと同様に、1千万円の保険金であるとか、比較的少額の相続をめぐる鑑定の依頼が目立ってきました。

メディカルリサーチが意思能力®鑑定のサービスを始めたのは2013年で、当初は数十億円とか数千億円の相続をめぐる依頼がほとんどでした。

相続問題は、お金持ちだけの問題だと思われてきましたが、実はすべての人に起こりうる、切実な問題になってきているようです。高齢化が進み、認知症が増える中で、この傾向は今後も続いていくでしょう。

【事例1】1千万円の労災保険金をめぐるトラブルで兄が弟を訴えた

認知症と遺産相続の問題がどのように絡み、その解決の手段として意思能力®鑑定がどのような効力をもつかについて、実際の例でご説明しましょう。

この事例で争われた金額は1千万円で、労災で亡くなった父親の保険金でした。すべてを80歳の母親が相続しましたが、同居の兄の目を盗み、弟が母親をそそのかして約2年間の間に全額を引き出させた疑いがあるというのです。

母親の預金残高がほとんどないことに気づいて激怒する兄に対し、弟は母親が孫たちのために生前贈与してくれたと主張しました。

亡父の労災保険は、弟が非課税の教育資金贈与信託の口座に全額預け、長男の大学入学金、さらに長女の専門学校の入学金のために引き出したほか、長男の運転免許取得のためにも使ってしまいました。

「孫のために自分で判断したことだ」と弟は言いますが、母親は十数年前の脳梗塞の後遺障害で失語症があり、ほとんど言葉が話せません。認知症も強く疑われます。弟が母親をだましたに違いないと、なんと兄は警察に盗難届を出したのです。

①弟が母親の意思能力®鑑定を依頼して兄と争う

困り果てた弟夫婦は弁護士に相談し、その弁護士からの依頼によりメディカルリサーチが母親に対して意思能力®鑑定を行うことになりました。弟が主張するように、母親の意思で生前贈与が行われたどうかの鑑定です。

当日は、メディカルリサーチの顧問の精神科医が母親に対して「精神科診断用構造化面談」を行いました。これは、精神科医が面談でさまざまな質問をし、本人が回答した内容が正しいかどうか、さらに回答時の本人の様子から、認知症または認知症以外の精神疾患が含まれていないかどうかを鑑定するものです。

母親は本当に自分の意思で孫のために生前贈与を行ったのでしょうか。精神科医は母親に教育資金贈与信託の通帳を見せ、さまざまな角度から質問をしました。

誰のために作った口座ですか。あなたですか。それとも別の誰かですか。なぜ、お金をあげようと思ったのですか。最初にいくら入金したか覚えていますか。何回引き出したか覚えていますか……。これらの質問は、遺言等の執行判断能力があるかどうかの意思能力®を評価するための質問です。

②ＤＶＤに収録した面談記録は裁判の証拠になる

母親の両隣に弟と弟の妻が座り、「そうよね」、「覚えているでしょう」、「わかるわよね」などと誘導しましたが、母親は何一つ答えることができませんでした。

言語障害があるとはいえ、うなずきなどでイエスかノーかの意思表示はできるはずですが、それすらおぼつかないのです。質問の意味を理解できないようでした。

決定的だったのは、孫の名前すら言えなかったこと。認知症がかなり進んでいると判断せざるを得ませんでした。

弟は満足せず再鑑定を要求し、そのとおりにしました。再鑑定を行うことはよくあります。認知症の症状は日によって変動があり、また、食後に昼寝をするので寝起きは記憶がはっきりしないといった生活習慣による日内変動もあります。

再鑑定前に弟は母親に受け答えの練習をさせたかもしれませんが、医師の目はだませません。結果は同じでした。

このように、メディカルリサーチは依頼人が誰であれ、公正中立な鑑定を行います。ＤＶＤに収録した面談記録は、裁判の証拠として通用します。

③依頼人が誰であれ公正中立な鑑定を行う

精神科医は認知症の鑑定でよく用いられる「長谷川式認知機能テスト」による知能評価も行いましたが、30点満点中の2点と、著しく点数が低かったのです。もはや認知症は疑いようがありません。それもかなり進行していることが明らかです。

焦点となる母親の意思能力®については、2年前に父親の労災保険金を全額、弟に渡してしまった当時すでに脳梗塞を発症して10年が経過していたことから、脳血管性の認知症が進んでいたため意思能力®がなかったという鑑定結果をメディカルリサーチが依頼人の弁護士に報告しました。

鑑定は、弟夫婦の意図した結果にはなりませんでした。裁判になったとしても、弟は兄との争いに勝つことができなかったでしょう。

メディカルリサーチの依頼人の多くは弁護士や税理士といった代理人であり、遺産相続等の争いの当事者が依頼人になることは稀です。代理人はもちろん、たとえ当事者が依頼人であったとしても、意思能力®鑑定が常に依頼人の思惑に左右されることはなく、あくまでも公正中立な鑑定を行います。

メディカルリサーチの意思能力®鑑定の仕組み

メディカルリサーチの意思能力®鑑定は、事例1で紹介したように、ご本人が存命の場合は、医師が面談して基本鑑定を行います。面談は、実際にご本人と会って行う方法のほか、インターネットを用いて医師、鑑定受診者、弊社スタッフの3者をリアルタイムでつなぐことにより、遠隔地でも可能な実施方法があります。

基本鑑定は、①認知機能評価「長谷川式認知機能テスト」による知能評価、②精神疾患診断「精神科診断用構造化面談」による診断評価、そして弊社オリジナルの③意思能力®評価「遺言等執行判断能力評価の構造面談」による診断評価及びその他の方法を事例によって組み合わせて行います。

より厳正な鑑定の方法として、器質的脳機能評価があります。PET及びMRI検査による器質的（障害や病変の原因が特定できる状態）な脳機能の状態を評価することにより、一層精度の高い鑑定が行えます。

鑑定の対象者が故人の場合は、過去に撮影したPET及びMRIのデータと主治医

図２　メディカルリサーチの意志能力®鑑定の仕組み

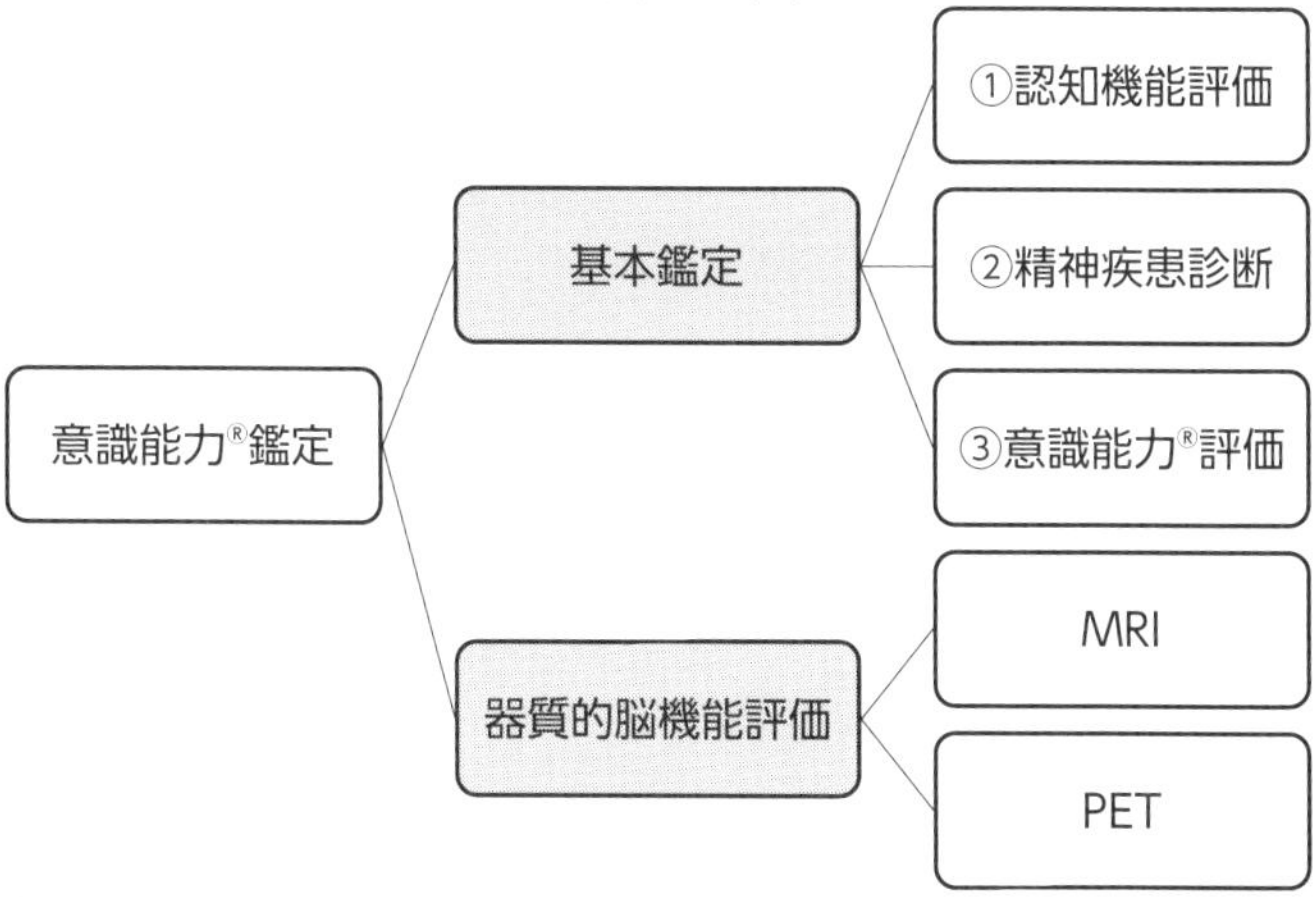

〈意志能力®鑑定にあたり準備いただく書類〉

1．介護記録、施設での生活記録・看護記録、
主治医のカルテ等、当時の生活状況の分かるもの
2．画像（DICOMデータもしくはフィルム）
3．長谷川式、MMSE等の検査結果
4．公正証書もしくは遺言書

（メディカルリサーチHP）

によるカルテ、介護記録などの記録を用いて鑑定することになります。

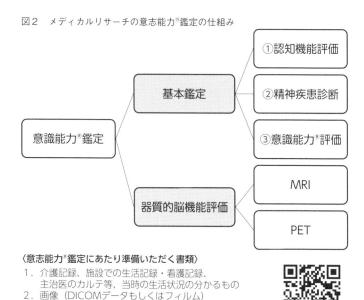

図3　改訂長谷川式簡易知能評価スケール（HDS-R）

（検査日　　　　年　　月　　日）　　　　　（検査者　　　　　　　　　　　　）

氏名	生年月日　　年　月　日	年齢　　　歳
性別 男 ／女	教育年数（年数で記入）　　年	検査場所
DIAG	備考	

1	お歳はいくつですか？（2年までの誤差は正解）		0　1
2	今日は何年の何月何日ですか？ 何曜日ですか？ （年月日，曜日が正解でそれぞれ1点ずつ）	年 月 日 曜日	0　1 0　1 0　1 0　1
3	私たちが今いるところはどこですか？ （自発的に出れば2点，5秒おいて家ですか？ 病院ですか？　施設ですか？ の中から正しい選択をすれば1点）		0　1　2
4	これから言う3つの言葉を言ってみてください。あとでまた聞きますのでよく覚えておいてください。 （以下の系列のいずれか1つで，採用した系列に○印をつけておく） 1：a）桜　b）猫　c）電車　　　2：a）梅　b）犬　c）自動車		0　1 0　1 0　1
5	100から7を順番に引いてください。（100－7は？，それからまた7を引くと？　と質問する。最初の答えが不正解の場合，打ち切る）	(93) (86)	0　1 0　1
6	私がこれから言う数字を逆から言ってください。（6-8-2，3-5-2-9を逆に言ってもらう，3桁逆唱に失敗したら，打ち切る）	2-8-6 9-2-5-3	0　1 0　1
7	先ほど覚えてもらった言葉をもう一度言ってみてください。 （自発的に回答があれば各2点，もし回答がない場合以下のヒントを与え正解であれば1点）　a）植物　b）動物　c）乗り物		a：0　1　2 b：0　1　2 c：0　1　2
8	これから5つの品物を見せます。それを隠しますので何があったか言ってください。 （時計，鍵，タバコ，ペン，硬貨など必ず相互に無関係なもの）		0　1　2 3　4　5
9	知っている野菜の名前をできるだけ多く言ってください。（答えた野菜の名前を右欄に記入する。途中で詰まり，約10秒間待っても出ない場合にはそこで打ち切る） 0～5＝0点，6＝1点，7＝2点，8＝3点 9＝4点，10＝5点		0　1　2 3　4　5
		合計得点	

＊判定不能理由：

【判定方法】HDS-R の最高得点は 30 点。20 点以下を認知症、21 点以上を非認知症としている。HDS-R による重症度分類は行わないが、各重症度群間に有意差が認められているので、平均得点を以下の通り参考として示す。
非認知症：24±4　軽度：19±5　中等度：15±4　やや高度：11±5　非常に高度：4±3

複数の鑑定方法を用いて総合的に判断する理由

認知症が疑われる人に対する意思能力®の鑑定には、「長谷川式認知機能テスト」を用います。正式名称は「改定長谷川式簡易知能評価スケール」といい、一般的には略されて「長谷川式」と呼ばれ、認知症のテストとして広く用いられています。その理由は、非常に簡便で使いやすいからでしょう。

ただ、このテストには落とし穴があり、明らかに認知症の症状が出ている人でも点数が高くなるケースがあります。しかし、簡易すぎるが故に、これに気づかない医師が多いことも知られていない事実です。その場合は、ほかの方法も用いて総合的に判断します。

「長谷川式」のテストは図３のようになっています。一般に公開されているので、事前に練習することも可能ですが、認知症の人は短期記憶に障害があり、症状が進むと数分前に見聞きしたことも忘れてしまいます。

したがって、事前に準備してもまったく効き目がありませんが、ただ、もともと知能が非常に高い人や、以前に就《つ》いていた職業によっては、認知症になってからでも高得点を取るケースがあり、ここが「落とし穴」になります。

〔事例2〕生前贈与の意思能力®が無効として訴えられた79歳女性

この女性の場合、介護施設での記録では「全介助」で、食事や排せつなど何をするにも介護職員の助けが必要な状態でした。ほかの利用者とのコミュニケーションがなく、かなり重症の認知症入居者とみなされていました。

しかし、生前贈与をする数か月前に施行された長谷川式のテストの総合点は30点満点中の15点でした。贈与を受けた側は、「だから贈与は有効だ」と主張し、ほかの家族が弁護士を通じてメディカルリサーチに意思能力®鑑定の依頼をしてきました。

弊社の鑑定医がテストの結果を詳細に精査してみたところ、第1項目の年齢の質問では、「74歳かな？」と答えていました。2歳までの誤差は正解とみなします。

第2項目の「今日は何年の何月何日ですか、何曜日ですか」の問いに対しては、無回答でした。第3項目は、「私たちが今いるところはどこですか？」という、場所についての見当識の確認です。女性からの自発的な答えがなかったので、医師が「家ですか？　病院ですか？　施設ですか？」というヒントを出し、やっと「施設」という答えが出たようでした。

①銀行員と経理の経歴が活きて、計算問題で高得点を獲得

認知症が進んだ状態でなぜ15点もの高得点を取ることができたのでしょうか。その理由は、第5項目の計算問題と第6項目の数字の逆唱（医師が言った数字の順を逆にして答える。３つの数字と４つの数字で出題される）が満点だったからです。

通常、認知症の人は９つの出題領域の点数は似た傾向を示し、全体的に低いことが多いのですが、この女性の場合は項目ごとのばらつきが目立ちました。そこで、ご親族にこの女性の生活史を確認したところ、結婚するまでは銀行で窓口業務に就いており、結婚後は自営業の夫の手伝いで、会社の経理を見ていたというのです。

この女性の場合は長谷川式テストだけで意思能力®の鑑別をすることは難しく、介

護記録や主治医のカルテなどから総合的に判断して、「生前贈与をする意思能力®には問題があった」と結論づける医学意見書を弊社の鑑定医が提出しました。

意思能力®が争点となる民事事件では、医学意見書が証拠として扱われます。メディカルリサーチでは、長谷川式テストだけでなく、詳細なカルテ、その他の記録と合わせて鑑定医が精査を行い、総合的な判断をもとに意見書を作成しています。

②脳の状態を可視化する画像データの証拠能力はピカイチ

事例2のように意思能力®鑑定の対象者が故人の場合、弊社の鑑定医が面談を行うことはできません。生前の記録が鑑定の決め手になります。主治医のカルテ、施設または在宅における介護職員や家族介護者による介護記録、病院または訪問看護における看護師の記録など、多角的かつ詳細に深掘りされた内容が求められます。

中でも証拠能力が高い記録は、MRIやPETなどの画像データです。認知症になると脳には器質的な変化が起こります。患者さんの頭を開いて肉眼で見ることは不可能ですから、「科学の眼」を用いて病変を突き止める必要があります。

そんな「科学の眼」は猛スピードで進化してきました。おなじみのＣＴ（コンピューター断層診断装置）スキャンはもはや時代遅れの感があります。ＣＴでは難しい脳内の小さな変化を早期に捉《とら》えるのが、超最先端の技術であるＰＥＴです。早期発見、早期治療の期待の星です。

なぜ、ＣＴが脳の分野において時代遅れかはのちほど詳述しますが、かなり進行した認知症であれば、ＣＴの画像でも器質的な変化をはっきりと捉えることができます。次に、ＣＴの画像データが優れた証拠能力を発揮した事例をご紹介しましょう。

〔事例３〕認知症の父親が二男を後継社長に指名し、長男が鑑定を依頼

事例３も、きょうだい間の相続争いです。少子化できょうだいの数が少なくなっている現代社会においては、もっときょうだい仲良くしてほしいものです。

肉親の争いは、ときに相手をだまし、出し抜き、心を傷つけ、認知症の親を巧妙に利用し、目をそむけたくなるような醜悪なドラマを描きます。

しかし、「科学の眼」は、だませません。嘘で固めた皮をはぎとり、真の姿をあぶりだします。事例3では、故人が生前に脳梗塞《のうこうそく》を発症し、CTで検査をしたときの画像データ、さらに治療で経過観察をしたときのCTの画像データが、雄弁に故人の脳の状態を現し、意思能力®鑑定の助けになりました。

ことの始まりは2006年、父親が営む会社の株主総会でした。父親は社長を退いて会長となり、本来は長男が継ぐはずであったのに、二男が社長に就任するとの議事が出され、議決されました。そのとき、父親はただ、「うん」と言っただけでした。

それもそのはず、認知症がかなり進んでいたのです。そのことをよく知っていたのは二男だけで、意思能力®のない父親を操り人形のように使っていたのでしょうか。

①遺言の作成、株式譲渡と二男は認知症の父親を操った

真実を知らない長男は、おかしいとは思いつつも父親を憎み、会社から去り、実家とも疎遠になりました。この間、さらにとんでもないことが起こるとも知らずに……。

2008年には、公証役場の公証人を父親の病室に呼び寄せ、公正証書遺言を作成したのです。密室の中のやりとりは知る由もありませんが、認知症がかなり進んだ父親はわけもわからず、問いかけに「うん」と答えるだけだったでしょう。

さらに2010年、父親がもつ会社の株式がすべて二男に譲渡されました。株式譲渡契約書の書面に問題はなし。しかし、終末期を迎え、恐らく二男が誰かもわからなくなっていたはずの父親に、契約書の文面を理解する能力があったとは思えません。

父親の葬儀のあと、長男は自分には何も残されていないことを知り、行動を起こします。「二男が弁護士とぐるになって父親を操った」と突き止め、株主総会での決議権無効、公正証書遺言作成の無効、株式譲渡無効の3件について法廷で争うことになり、弁護士を通じてメディカルリサーチに意思能力®鑑定の依頼が届きました。

②入院した病院のカルテは認知症の進行を雄弁に語っていた

2005年6月に脳梗塞で入院したときの病院のカルテを精査してみると、3か月後のカルテには、簡単な内容であれば記憶できるが、短い文章でしか話せず、自発的に出る言葉は少ない。見当識障害（今、何日の何時何分か、自分がいる場所がどこかがわからない状態）、判断力・理解力・注意力の低下と書かれています。

発症7か月後には、自室において上半身裸で興奮状態にあることが観察され、便をおむつから取り出してこねくりまわすといった不潔行為も見られました。

株主総会で二男に社長の座を譲ったのは、このあとです。認知症の症状が良くなることは望めませんから、株主総会で何が起きていたかを理解する能力はまったくなかったと考えるのが自然でしょう。

発症後2年後のカルテには、心理相談室で実施されたMMSEという認知症テストで30点満点中４点しか取れなかったと書かれています。これは、年月日、季節、今いる場所、引き算、物品の復唱などほとんどの項目が答えられなかったことを示します。

③CT画像ではっきりとわかる脳の変化

治療の経過をたどったカルテだけでも十分に説得力がありますが、CTの画像データは、父親の脳の出血が広範囲に及んで脳の損傷をもたらし、脳細胞が死んで脳全体が委縮した様子を現しています。

父親の既往歴としては、糖尿病、脂質異常症、高血圧があり、病院のカルテによると2005年6月、株主総会の数か月前に高血圧性脳内出血を発症しました。

発症時のCT画像を見ると、左視床で出血があり、脳の両側の側脳室から第4脳室まで穿破《せんぱ》（漏れ出す）した急性期の血腫が認められます。視床出血は死亡率が高く、死亡を免れたとしても後遺症が残ることが多い疾患です。

画像で白っぽく見えるところが血腫で、中央の黒い部分が脳室です。脳室とは、脳の中で左右対称に存在する空間で、髄液で満たされています。出血部位の視床は脳室に近いため、視床出血で形成された血腫が脳室内にまで及んでしまうことがあり、これを脳室穿破と言います。

脳室穿破によって脳室に炎症が起こり、髄液が過量につくられるため、水頭症を引き起こします。これを抜くために脳室ドレナージ術という手術が必要になります。父親のカルテには、水頭症の記録が残っていました。

④脳出血の後遺症で高次脳機能障害を引き起こす

図4・図5のように、脳出血、脳梗塞、くも膜下出血などの脳血管疾患は、日本人の死亡原因の8．4％を占め、がん、心疾患、肺炎に次ぎ第4位となっています。

幸い父親は、一命をとりとめましたが、高次脳機能障害がカルテに記されています。高次脳機能障害は、小室哲哉さんの引退騒動で広く知られるようになりました。妻のＫＥＩＫＯさんが、くも膜下出血の後遺症で高次脳機能障害となり、「小学校4年生くらいの状態になってしまった」と報道されていました。

高次脳機能障害は、脳損傷に起因する認知障害全般のことで、失語・失行・失認のほか記憶障害、注意障害、遂行機能障害、社会的行動障害などが含まれます。高齢者で脳卒中を発症した場合などは、高次脳機能障害と認知症を同時に有しているケースもあります。

父親の場合、自分の便をもて遊ぶといった不潔行為は、認知症の高齢者によく見られる症状です。他方、失語は高次脳機能障害に多い症状です。株主総会に出席したときの父親は「うん」と返事をする以外の言動がなく、失語の状態でした。

図４　日本人の死亡原因（平成28年患者調査より作成：厚生労働省）

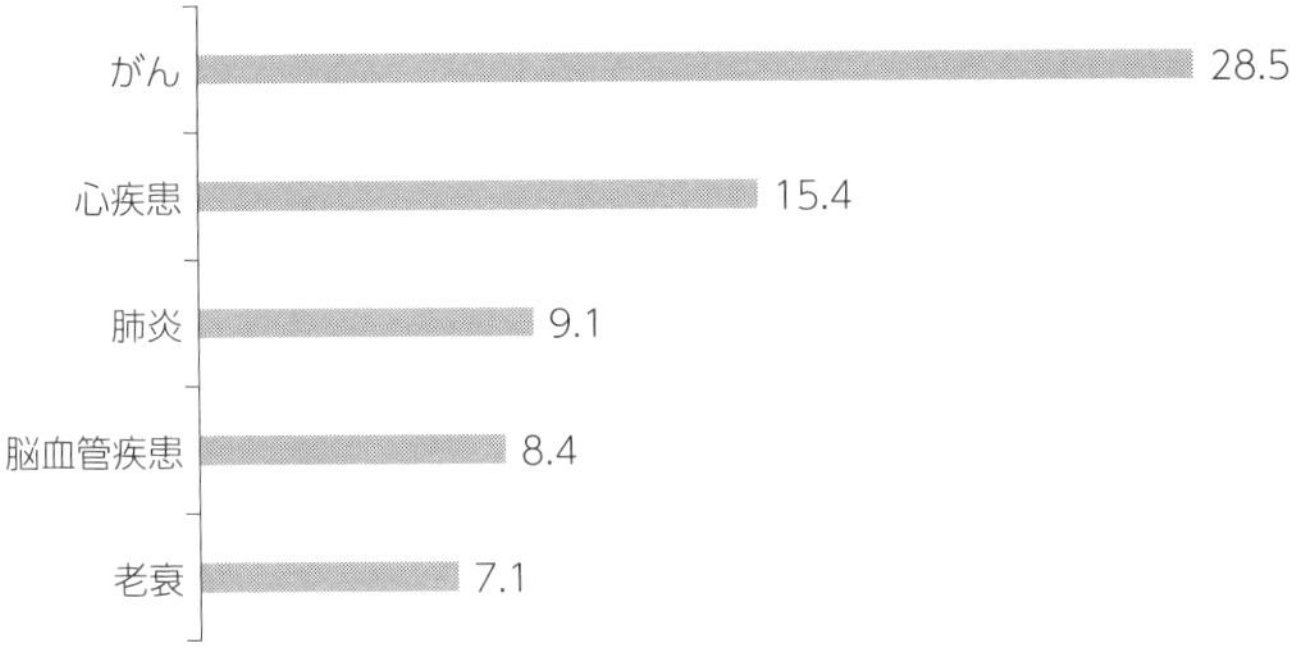

図５　脳卒中にはいくつかの種類がある

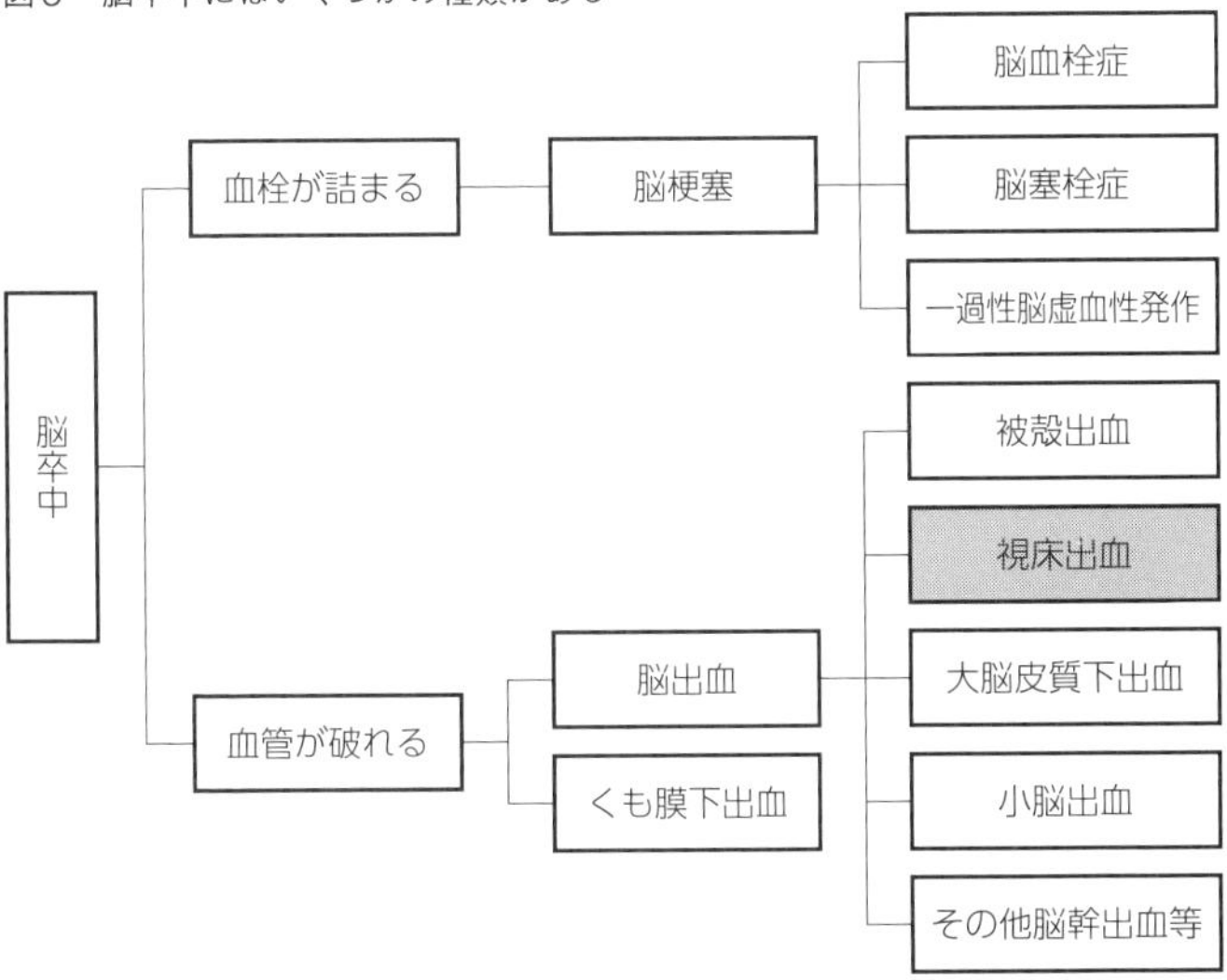

2018年5月に亡くなった西城秀樹さんの場合は、脳の血管が詰まることにより起きる脳梗塞、今回の事例は脳の血管が破れることにより起きる脳出血です。脳出血は、出血の部位によって発症数が異なり、今回の視床出血は2番目に多いもので、脳出血の約35%となっています。

⑤認知症が進むと脳が縮む

発症後2か月のCT画像には、脳室内のびまん性萎縮が認められます。脳のひだ状のすき間の黒く写っている部分が大きくなっている様子が見えます。

びまん性萎縮とは、脳の細胞の一部ではなく脳全体にわたって細胞が死んでしまい、脳が縮んだ状態のことです。

発症後3年の画像を見ると、頭がい骨と脳の間の白い部分が広くなり、脳全体の萎縮が見て取れます。また、脳室の形が当初とはまったく違って大きくなっています。脳の萎縮が起きると容積が減るので、脳室すなわち脳の空間が大きくなるのです。

現代の最新医学でも、いったん萎縮してしまった脳細胞は、二度と元の状態には戻りません。萎縮の進行を引き延ばすのが精一杯です。したがって、記憶力、判断力といった認知機能は急速に失われていきます。

遺言書の作成と株式の譲渡契約は、いずれも発症後3年後のことであり、このときの父親の脳の状態では、遺言、契約、株式といった言葉の意味をまったく理解できなかったことでしょう。

遺言書作成の意思能力®が疑われるケースは増える

脳卒中などの脳血管疾患の患者数は117万9，000人で、介護が必要になる原因の第1位、約2割が脳卒中となっています（一般社団法人日本生活習慣病予防協会のホームページより）。

脳出血の場合、「最大の危険因子が高血圧」ということがはっきりしています。その予防には血圧管理が最重要事項となり、塩分摂取を控えること、肥満・メタボの解消が基本となります。

事例3の父親の場合、肥満体質で高血圧・高血糖・脂質異常の症状が3つとも現れているメタボリックシンドロームであったので、食事などの生活習慣を改善しない限り、いつ脳出血を発症してもおかしくない状態だったのです。

厚生労働省では、約2000万人がメタボリックシンドロームと予備軍に該当すると考えており、とくに中年男性では2分の1が発症すると予測されています。

予防医学に対する国民の意識が高まらない限り、脳卒中によって脳の機能が損なわれ、遺言書作成の意思能力®が疑われるケースは今後も増える可能性があります。

「その時」が来てからでは遅い？

脳の機能が損なわれてしまってからでは、遅いのです。宝石のような高額の商品に鑑定書や保証書が付いているのと同様に、遺言書を作成するときには意思能力®鑑定を受けて、その品質を保証することが、今後は常識となっていくかもしれません。

きょうだい間で相続を争うケースは、ほかにもさまざまにあります。親は「均等に分ける」と言っていたのに、死後、長男の妻や子どもたちがそろって親と養子縁組をしていたことがわかったケースもあります。養子縁組をしたときの親の意思能力®が正常であったかどうかは、調べてみなければわかりません。

遺産分割を争う裁判は、数年間もかかり、弁護士費用もかさみます。親族間の争いは、どちらが勝っても禍根を残すでしょう。

何より悲しいことは、故人の遺志がかなえられないことです。自分が築いた財産を、愛する家族のために平等に残したいという思いがあるのならば、生前にきちんとした遺言書を作成するのみならず、そのときに意思能力®鑑定を受けて、遺言書の品質を保証しておくのが良いでしょう。

保険会社や信販会社に被害が及ぶ事例もある

遺産分割の当事者だけでなく、保険会社や信販会社に被害が及ぶ事例もあります。

カードローンで多額の借金を払いきれずに自己破産した息子の保証人は、認知症を患う父親でした。

保証人の契約時に認知症の症状があったとわかれば、契約が無効となり、信販会社は貸金を回収できなくなる可能性があります。

幸か不幸か、このときは姉も保証人になっていたので、姉が返済を引き受けることになり、信販会社はリスクを抑えることができましたが、今後に活かせる「教訓」を得たことになるでしょう。

実際、リスクマネジメントとして、高齢者と契約するときには特別なルールを設ける会社もあります。たとえば、訪問販売で高額商品を売るときに、70歳以上の高齢者に対しては家族の同意を得るという自主規制をしている会社が多くあります。

たとえ家族の同意があったとしても、あとで認知症が発覚した場合には、その契約が無効になることも考えられます。ここにも意思能力®鑑定のニーズがありそうです。

認知症の社会問題には医療も介護サービスも無力

親の認知症が疑われたとき、本人だけでなく、家族も心理的にその現実を受け入れることができず、対応が遅れる場合があります。初期のうちに治療を開始すれば進行を遅らせることもできますが、「まさかうちの親に限って」という思いから、なかなか診察を受けずにいる方も少なくないようです。

そうこうするうちに火の不始末でボヤ騒ぎになったり、徘徊《はいかい》して行方《ゆくえ》不明になったりといった問題行動が起きて初めて事態の深刻さを認識するのです。

親と離れて暮らしていた子どもが親の認知症に気づかず、知らないうちに土地家屋のすべてが他人の手に渡っていた事例もあります。悪徳業者が親をだまして譲渡契約を結んでいたのです。転売されて第三者の手に渡れば、取り戻すことは不可能です。

こうした社会的なトラブルに対しては、医療機関も介護サービスもまったく無力です。治療だけが医療の役割ではなく、介護は要介護者の生活全体を支える責務があるはずなのに、医療制度や介護保険制度に明確な規定がないため、具体的な解決策をもたないのです。

〔事例4〕専門外の内科医の証言でくつがえされてしまった

その点、メディカルリサーチは営利法人であり、法規制に捉われず自由な営業活動ができます。医療や介護では救えない社会問題に目を向け、医療に関する知識を駆使して問題の解決を図り、人々の暮らしの安心を支えていくことが、私たちの使命であると考えています。

残念ながら、意思能力®という考え方がまだ十分に理解されていないために、解決に時間がかかっている問題もあります。事例4では、長谷川式の認知症テストで30点満点中3点という結果であったにも関わらず、当時の主治医だった内科医の証言で意思能力®があるとみなされ、地裁の判決で株式譲渡契約が有効となってしまったのです。

内科医の証言は、「認知症の薬は処方したが、診察時の受け答えがしっかりしており、奇行などは見られなかった」というものでした。

医師の前ではシャキッとしていたのかもしれません。しかし、同居の家族は徘徊、遁走《とんそう》といった問題行動に悩まされていました。

①意思能力®の有用性はもっと高く評価されるべきだ

家を出て行方不明になり、家族が捜索願を出したところ、ゴルフ場をはだしで歩いていたところを警察官に保護されたという記録もありました。介護保険の要介護認定を受け、ヘルパーによる訪問介護などの介護サービスも受けていました。

総合的な判断に基づいてメディカルリサーチが提出した「意思能力®なし」の医学意見書が、地裁の判決で考慮されなかったことが残念でたまりません。

認知症の症状が進んでいるにも関わらず、なぜ、複雑な株式譲渡契約を交わすことができたのかに争点を当てるべきでした。

主治医がすべてを把握しているわけではないのです。しかもこの場合、認知症は専門外の内科医の証言であり、専門的な視点からの見立てはどうしても必要になります。

遺族は地裁の判決を不服とし、控訴審が行われることになりました。通常、弊社の鑑定医は意見書を提出するだけの黒子に徹していますが、今回は家族の懇願を受けて出廷して証言することも辞さないと言いました。

②意思能力®を脅かすのは認知症だけではない

認知症の特効薬が開発されていない現状では、今後も認知症の人の意思能力®をめぐって起きるトラブルは増え続けるでしょう。

認知症は、高齢者だけの問題ではなく、65歳未満でも発症する若年性認知症があります。厚生労働省が2009年に行った調査によると、全国における患者数は3万780人と推測されています。

認知症と同様に脳の認知機能を著しく損なう高次脳機能障害については、40～50代の働き盛りの年齢に多いくも膜下出血の後遺症で起こる場合があり、また、交通事故等で頭を強く打った場合にも起こり得ます。

がんの末期に見られる意識障害も、意思能力®を損ないます。モルヒネを使った緩和ケアのため、意識がもうろうとしてしまうのです。このような状態のときに病室に公証役場の公証人を連れ込み、遺言書を作成した事例もあります。

当然のことながら、看護師による詳細な記録があったので、モルヒネの投与量を精査し、意識障害によって意思能力®が失われていたことを証明しました。

あなたの終活を完璧《かんぺき》なものにするには

メディカルリサーチの活動が、２０１７年７月にテレビ東京のニュース番組「ＷＢＳ（ワールド・ビジネス・サテライト）」で紹介されました。

題して、「〝終活〟最新事情！働き盛りも〝適齢期〟？」。遺言書の内容が有効かどうか争われるケースが増えている中で、認知症の状態で書かれた遺言書は無効となるため、「正常な脳」を証明することが必要になってきている。そんな時代に新たに始まったビジネスとして、弊社を取り上げていただいたのです。

このレポートの中ほどで、ＰＥＴで脳の検査を受けるという年商19億円の会社社長が登場しました。見たところ40代後半か50代前半。健康にはなんの問題もなさそうですが、「今後、会社が成長するにつれて相続や株式譲渡の問題が重要になってくるため、早くから備えておきたい」とのことでした。

ＰＥＴは、脳の代謝を視覚化でき、病巣を早期発見できるばかりか、過去の脳損傷の痕跡を見つけ出すこともでき、それが現在の脳の状態にどのような影響を及ぼしているかについても明らかにできます。

この方のケースにおいても、ご本人が忘れるぐらい前の交通事故による脳の異常がＰＥＴでのみ指摘できました。これが30年前の事故によるものだと証明できたというのは、今後、リスクと思われる問題を未然に摘むことができた、ということになります。

PETでの脳の健診は責任ある立場の人には義務

したがって、PET検査を受ければ、脳に器質的な異常が起きておらず、健康な状態にあることを客観的に証明できます。

この社長はさらに精神科医による面談を受け、長谷川式の認知症テストの結果と合わせて「判断能力に問題がない」と、その意思能力®が医学的に証明されました。

「こういう検査は、定期的に行ったほうがいいと思う」と、その社長はコメントし、大きな責任を担うポジションにある人は、早くから次世代にバトンを渡す準備と覚悟をもっているのだと思い知らされます。よけいなトラブルを未然に防げますから。

ここまでできれば、「終活」は完璧でしょう。

この社長が訪れた宇都宮セントラルクリニックPETセンターは、メディカルリサーチの顧問である佐藤俊彦医師が理事を務めています。

PET健診は健康保険が適用されませんが、意思能力®の有無を鑑定するには最適の方法といえます。

ＰＥＴの画像データを使った意思能力®鑑定の具体的な事例については、第２章で詳しくご紹介します。

第2章

「終活」は認知症リスクへの対応が重要

「エンディングノート」の活用で家族も安心

終活という言葉がすっかりおなじみになった理由の1つは、死に臨んだとき、自分で決められることの選択肢が増えたからでしょう。たとえば、終末期の医療。病気が治らないとわかったとき、訪問診療や介護を受けつつ自宅で死を迎えるか、それとも病院に入院して可能な限りの治療を続けるか。ついに脳死と判定されたときに臓器提供するのか。その後の葬儀のあり方やお墓についても、選択肢が増えています。

前述したとおり、もしものときに備えてあらかじめ意思表示をしておく「エンディングノート」という書式まで出版されています。書式の空欄を埋めていくだけで、スムーズに終活ができるというものです。こうした書面で本人の意思がきちんと示されていれば、死後のトラブルを防ぐことができ、家族や周囲の人たちも安心ですね。

遺産分割などの遺言については、公証役場で公正証書遺言を作成する人が多くなっていることは既にお伝えしていますが、第1章で述べたとおり、1千万円程度の金額であっても争いのもとになりかねませんから、資産家でなくても知っておいたほうが良い手続きです。

「社会のため」の終活も大切

終活は、誰のためのものでしょうか。最期まで自分らしく生き、思い残すことなく死にたい、生きた証《あかし》を残したいというのであれば、「自分のため」。遺産の分割をハッキリさせておきたいのならば、「家族のため」。もう1つ忘れてはならないのが、社会に迷惑をかけないための終活です。

たとえば、運転免許証の返納。高齢ドライバーが引き起こした悲惨な死傷事故が、あとを絶ちません。2018年5月、90歳の女性が運転する乗用車が、交差点で歩行者4人をはねて死傷させた事故が起きました。

女性は、「信号は赤だったけれど、歩行者が渡っていなかったので発進したところ、歩行者が渡り始めたのが見えてあわててハンドルを切った」と証言しました。乗用車は横断歩道の歩行者を巻き込みながら脇の歩道に突っ込んだのです。

同居する長男の話では、母親は通院のために週に1、2回は運転していたそうです。高齢者の事故のニュースを見聞きし、「そろそろ免許を返そうかな」と口にすることもあったと言いますが、行動が伴わなかったために最悪の事態を招きました。

高齢ドライバーによる死亡事故は毎年400件以上

交通事故の件数は大きく減ってきましたが、そのうちの高齢ドライバーによる事故の減り方はわずかです。警察庁の統計によると、75歳以上の運転者による死亡事故は、毎年400件台で推移しています。

となると、高齢ドライバーによる事故の死亡事故全体に占める割合は当然、高くなります。2017年は過去10年間で2番目に高い12・9%にのぼりました。80歳以上による死亡事故は8年連続で200件を超え、全体の7・2%でした。

対策として、認知機能検査を強化した改正道路交通法が2017年3月に施行され、75歳以上の人は免許更新時のほか、一定の違反をしたときに臨時の検査が義務付けられました。

しかしながら、この認知機能検査で「認知症にあらず」となって免許証が更新され、事故を起こしてしまう高齢ドライバーがいるのです。死亡事故を起こした高齢ドライバーのうち7％が第1分類（認知症のおそれがある者）で、42％が第2分類（認知機能が低下しているおそれがある者）でした。

免許更新時の認知機能検査をすり抜けて事故が

免許更新時に認知機能検査の結果が出たあとの手続きとしては、「第1分類」の「認知症のおそれがある者」となった場合に、臨時適性検査を受けるか、主治医等の診断書を提出する必要があり、もしもここで「認知症にあらず」と証明された場合は、3時間の高齢者講習を受けたあとに免許証が更新されることになっています。

こうした関門が設けられているにもかかわらず、それをすり抜けて事故を起こす高齢ドライバーがいるのです。2018年1月、高校の始業式の朝、85歳の高齢ドライバーが県道を自転車で通学中の2人の女子高生を次々とはね、1人は死亡、1人は意識不明の重体になるという悲惨な事故が起きました。

当人には物忘れの症状があり、壁や塀、ほかの車との接触事故を数えきれないほど起こしていて、家族が免許の返納を勧めたにもかかわらず、拒んでいたそうです。

家族は「次の更新時の認知機能検査に落ちてほしい」と期待していましたが、ダメでした。なるべく運転させないように監視していましたが、事故当日の朝、当人は家族の眼を盗んでいつもより早く出かけて事故を起こしたのです。

免許更新時の認知機能検査の厳格化が必要

もうこれ以上、悲しい事故を引き起こしてほしくはありませんが、ここではっきりしておきたいのは、免許更新時の認知機能検査は、決して認知症という診断行為ではないということです。

70歳以上の人は免許更新時に認知機能検査を、さらに75歳以上の人は一定の違反行為を起こしたときに臨時認知機能検査を受けることが義務付けられています。

この認知機能検査の内容は、一般社団法人全日本指定自動車教習所協会連合会の「高齢者運転支援サイト」に紹介されています。「検査員の説明を受けながら、検査用紙に受検者が記入して行います」と書かれているので、医師の立ち合いはなさそうです。出題を見ると、長谷川式テストに比べてかなり簡便なやり方です。

検査項目は３つだけ。①時間の見当識（検査時における年月日、曜日及び時間を回答する）、②手がかり再生（一定のイラストを記憶し、採点には関係しない課題を行ったあと、記憶しているイラストをヒントなしに回答し、さらにヒントをもとに回答する）、③時計描写（時計の文字盤を描き、さらに、その文字盤に指定された時刻を表す針を描く）、によって、記憶力や判断力の判定をします。

ＰＥＴなら認知症を初期から発見できる

事故を起こした高齢ドライバーのように、認知症の症状はあっても、家族の眼を盗んでクルマを出すくらいの知恵は働きます。ですから、この免許更新時の検査は、たんなる制度にしかすぎません。

認知機能検査は難なくパスしても、72歳以上の人の免許証の有効期間は3年間ですから、更新時に認知機能検査に合格したとしても、1、2年のうちに急速に認知症が進むこともあり得ます。

免許更新時の認知機能検査のさらなる適正化が急がれるのではないでしょうか。最も適切な方法としてお勧めしたいのはPETによる画像診断です。

同じ画像診断でも、MRIの場合は、認知症が進んで脳の萎縮が始まった状態になって初めて病変を捉えることができるのに対し、PETは脳の代謝能力を画像で捉えるので、ごく初期の認知症でも発見できます。ただ、1回の費用が8万円前後になり、保険が適用されない現状では、医師から勧められる可能性が低い検査と言えますが、PET以外に脳の状態をリアルに画像化できる検査はほかにありません。

年を取れば誰でも認知症のリスクが高まる

高齢ドライバーの事故は、自動運転の技術が実用化されれば、ある程度減らすことができるとはいえ、実用化まではもう少し時間がかかりそうです。

歩くのがつらいので、クルマを取り上げられてしまったら病院にも行けないし、買い物にも困る……。高齢者にとって、自由に使える移動手段は生活を便利にするだけでなく、交通の不便な地方の方にとっては、生活の足として必要不可欠でしょう。

現状では、老化の進行を食い止めることは難しい。加齢とともに身体機能の低下、判断力の低下、そして認知症を発症するリスクが高まり、これらの衰えは事故につながります。

認知症にかかっている人の割合は年齢が上がるごとに高くなっています。80～84歳で24・4％つまり4人に1人、85歳以上では55・5％つまり2人に1人が認知症にかかっている計算になります。

このままでは日本における認知症の人の数が増え続け、2030年には830万人、２０６０年には１１５４万人に達するという予測があります。この中には、あなたの親御さんや御自身、そしてあなたの子孫が含まれているかもしれないのです。

認知症高齢者の鉄道事故で家族が監督責任を

認知症がもたらすリスクは、本人と家族のみならず、事故なら被害者というように社会全体にも及びます。そのリスクは、誰もが背負っているのです。

たとえ事故の背景に認知症があったとしても、罪の重さに変わりはありません。家族が監督責任を問われ、高額の損害賠償金を請求されたケースもあります。

もう10年以上前になりますが、認知症の90代の男性が引き起こした事故で、鉄道会社が家族に損害賠償請求をし、最高裁まで争われました。

事故は２００７年、愛知県のＪＲ東海の駅構内で発生。認知症を患っていた90代の男性が、妻がうたた寝をしていたすきに外出し、電車にはねられたのです。男性は認知症が進んで要介護度４の認定を受けていたそうです。

ＪＲ東海は、電車停止に伴う振り替え輸送などに要した約７２０万円の賠償を求め、提訴しました。一審判決は同居の妻だけでなく、離れて住んでいた長男にも監督責任を認め、二審は妻のみに半額の支払いを命じました。

認知症高齢者の家族の賠償責任は課題が多い

裁判の争点は、家族の監督義務でした。民法第７１４条第1項には、認知症患者のような責任無能力者に対する監督義務者の定めがあります。

家族に「監督義務あり」とした一審、二審の判決をくつがえし、２０１６年の最高裁の判決は「同居の配偶者というだけで、監督義務があるとはいえない」とし、ＪＲ東海の請求を棄却しました。

その理由として、「介護の実態などを総合的に考慮し、加害行為を防ぐための監督が容易かどうかという観点で賠償責任を検討すべきだ」と指摘しました。

事故発生当時、男性患者の妻も足が不自由で要介護度1に認定され、長男の妻が横浜市から近所に引っ越して義母を支え、長男も週末に通っていました。長男は「大変温かい判断をいただいた。肩の荷が下りた」とコメントしていました。

一方、判決は「患者を容易に監督できる場合などは責任を負うことがある」としています。となると、同居の家族は、うたたねをする暇もなく介護に尽くせということかと心配する声も挙がっています。

監督責任を問う意思能力®鑑定が必要な場合も

1人暮らしの高齢者や老老介護の世帯が増えている背景には、ご本人が家族に迷惑をかけたくないと思っているか、あるいは迷惑をかけられたくないといった家族の側の思惑もあるのでしょう。

この事例のように、お互いに要介護状態にある老老介護の場合は、監督責任の有無を介護者の意思能力®の観点から判断する必要性が出てくるかもしれません。

介護施設から抜け出した認知症高齢者が事故を起こした場合には、施設側が監督責任を問われます。認知症高齢者の事故が多発するようであれば、徘徊のある高齢者の入居が拒否されるといった事態を招きかねません。かといって、鍵をかけた部屋に閉じ込めたりすれば、高齢者虐待防止法に違反することになります。

他方、家族が賠償責任を負わない場合には、事故の被害者の損害が救済されないという問題が残ります。もしも交通事故や火の不始末による火事の類焼であったら、なんの落ち度もない被害者やその家族が多大な損害を被るのです。

認知症リスクには、自己責任で備えるの？

認知症高齢者が起こした事故に対して、国が公的な被害者救済制度を新たに設けることは現時点では難しいとして、民間の個人賠償責任保険の利用と普及を図る方針を明らかにしました。自己責任でなんとかしなさいということでしょうか。

民間保険では新型の「個人賠償特約」をつけた損害保険があり、認知症高齢者などが線路に立ち入って電車を止め、多額の損害賠償請求を受けた場合に補償されるようになっています。

特約部分保険料は年間2000円程度とはいえ、認知症の人を老老介護する世帯は年金生活で、経済的な余裕がないことも多いでしょう。

トラブルは起きるかもしれないけれど、起きない可能性だってあると思えば、家族の認知症リスクに対して積極的に備えようとする人は、まだ少数派のはず。

「うちの親はしっかりやっている」と思って家を訪ねることもないまま数年が経過するうちに親が認知症を発症し、それが進行してトラブルを招き寄せ、弁護士を通じてメディカルリサーチに相談が持ち込まれたケースもあります。

〔事例5〕認知症の親が第三者に土地を無償で譲渡

家族間の相続争いも悲惨ですが、このケースでは親の土地が家族の知らないうちに第三者に渡ってしまい、誰も相続できなくなる危機に陥ってしまったのです。

その80代の男性が1人で住んでいたのは、田畑の中に家が離れ離れに建っているような地域でした。家の前の、かつて田畑だった場所は、誰も耕す人がいないので広い空き地になって放置されていました。

ある日、家族が久しぶりに訪ねてみると、家の周りの景色がまったく変わっていました。空き地であったはずの場所に、マンションが建っていたのです。親に問いただしてみると、「ワシは、何も知らん」。認知症の症状がかなり進んでいました。

家族は、マンションを建てた不動産会社を探し出して問いただしました。なんと、無償で土地の譲渡を受けたというのです。契約書には、本人の筆跡と似た署名と押印がありました。それでも親は「契約を結んだ覚えはない」と言い張りました。

家族は、この契約は無効であるとして損害賠償を請求するため、弁護士を通じてメディカルリサーチに親の意思能力®鑑定を依頼してきました。

①さっき食べた昼ご飯さえ忘れてしまう

意思能力®鑑定の手順に従い、医師が精神科診断用構造化面談を本人に行いました。「今日、お昼に何を召し上がりましたか」と問いかけると、「覚えていない」。

質問を変えて「朝ご飯はどうでしょうか」と言うと、考えても答えが出ない様子。契約を結んだという建設会社の名前を挙げると、「聞いたこともない」。「土地を譲り渡したのですか」と尋ねると、「まったく記憶がない」。

これだけでも認知症がかなり進行していることがわかりますが、契約を結んだとされる前後の状態をさらに詳しく精査すべく、さまざまな記録を集めました。

2016年にメディカルリサーチが調査を開始したときには、土地譲渡の契約が交わされたという2013年11月から3年近く経過していました。現時点での認知症の程度は医師の面談で明白でしたが、過去の状態を知るには医師のカルテなど、専門家による詳細な観察記録が手がかりになります。

鑑定に大いに役立った資料は、週に2回ほど通って来ていた訪問看護師の記録。看護師は「SOAP方式」という分析手法で記録を残す訓練を受けています。

②記録が雄弁に語る認知症の進行

すでに2007年から徘徊などの認知症に特有な症状が出ており、湯を沸かそうとしてやかんを火にかけたまま消すのを忘れ、ボヤ騒ぎを起こしていたことが記録に残っていました。

２０１４年には徘徊行動がしばしば見られ、行方がわからなくなって警察に保護された記録がありました。

その後、２０１５年に行われた長谷川式認知症テストの結果が８点、翌年の同テストの結果が６点であり、認知症が進んでいたことがわかりました。

脳の状態を最も雄弁に語ってくれたのは、ＣＴおよびＭＲＩが捉えた脳の状態の画像でした。２０１８年にはＣＴの画像から多発性脳梗塞と診断された記録が残っていました。同年のＭＲＩの画像では、脳の両側にある海馬の萎縮が見られ、認知症の中核症状である記憶障害が相当に進んでいたと判断できます。

海馬は、脳の中で短期的な記憶に関する機能をもつ部位であるとされています。海馬に障害があると、数分前の出来事でさえ思い出せなくなります。

③過去にさかのぼって追究できることが私たちの強み

現時点での鑑定結果のみならず、過去にさかのぼって医学的な記録をひもとくことによって意思能力®の有無を明確に判定できることがメディカルリサーチの強みと言えます。

医学の世界では、EBM（Evidence Based Medicine＝根拠に基づく医療）と言い、医師の長年の経験によるカンといったあいまいなものではなく、検査結果の数値や画像などの明確な根拠に基づいて判断し、その過程を記録しつつ治療行為や薬の処方を行うことが常識となっています。

このような「根拠」はあとに述べる医療過誤、つまり医療事故の責任を判断する際の重要な証拠になります。

「根拠」の明確化は看護の世界でも常識となっており、看護師が残すSOAP方式の記録は、①患者の訴え（Subject　Data）、②診察や検査から得られた情報（Object　Data）、③双方の情報に基づく判断（Assessment）、④看護師が立てた看護方針と看護経過（Plan）の4項目が明確に記されているのです。

④もっと早く家族が気づいていたら未然に防げた

メディカルリサーチは、以上のような情報の精査および精神科医による診断評価を踏まえ、認知症が進行していた当人は不動産譲渡契約のような複雑な内容を理解できたとは思えず、意思能力®はなかったという鑑定を行い、医学意見書を弁護士に提出しました。

弁護士には守秘義務があるため、この損害賠償請求の結果がどのようになったかは私たちの知るところではありませんが、不動産会社側が当人の認知症に気づいていて、そのことを悪用した詐欺事件と見なすこともできるため、民事の領域を越え刑事事件として扱われたのかもしれません。

離れて暮らしていた家族が気づくのが遅すぎました。徘徊症状が出て、警察に保護された時点で積極的に関わっていれば防げたかもしれません。

多発的脳梗塞の診断が出て認知症の進行が明らかになり、長谷川式認知症テストが行われた時点ではすでに契約は結ばれてしまっていたにも関わらず、それを突き止めることができないまま、マンション建設が進行してしてしまったのです。

⑤妻の死が認知症の引き金になったかもしれない

事例5の80代の男性は、妻を病気で亡くして1人暮らしでした。人生には大きなストレスをもたらす出来事がいくつかあり、最も大きなストレスとなるのが配偶者の死であるとする研究結果があります。

個人のストレスに耐える力にもよりますが、妻を亡くした男性はそのショックから立ち直れず、うつ病になるケースもあります。

うつ症状は、認知症の症状の1つでもあります。食事の世話をしてくれていた妻が亡くなって、食生活が乱れることにより、高血圧あるいは高血糖となり、脳梗塞を起こして脳に障害がもたらされ、認知症が始まることも考えられます。

認知症は、その名前が示すように、代表的な症状として認知機能の障害があります。もう少し詳しく言うと、図6のように中核症状と呼ばれる認知機能に関わる障害

図６　認知症の中核症状と行動・心理症状

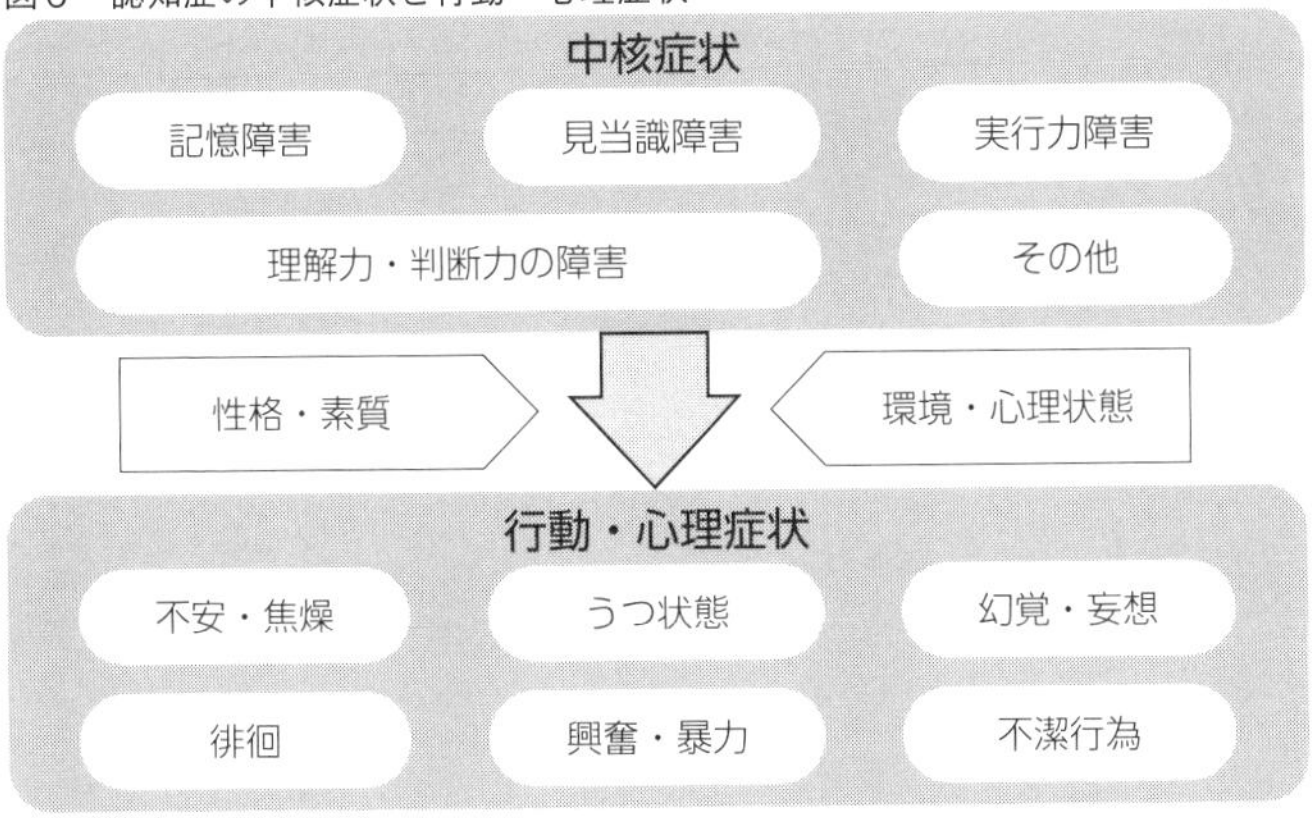

と、行動・心理症状と呼ばれる障害に分けられます。

中核症状は、すべての認知症患者に見られる症状ですが、行動・心理症状は、本人の性格や素質、周囲の環境や本人の心理状態によって現れ方が異なります。

認知症は確実に進行する

認知症の症状を目の当りにすると、家族は最初のうちは、その事実を否定しようとします。「まさか、うちの親に限ってボケるはずがない。たんなる物忘れで、老化現象の1つだ」と思い込もうとするのです。そう思って何もしないでいるうちに認知症が進行し、徘徊して行方がわからなくなったり、おむつの中に手を入れて便をもてあそんだりといった行動・心理症状が現れてくるのです。ボヤ騒ぎ、交通事故といった第三者に迷惑が及ぶ行為につながってしまうかもしれません。

家族以上に混乱するのは、本人です。家族の懇願をはねつけて、免許を返納しようとしなかったり、医師の診察を受けることをかたくなに拒否するかもしれません。それも認知症の症状の1つであり、暴力を振るい、わめき散らす人もいます。

それまで物静かだった人がまるで人格が変わったかのように暴力的になり、意思の疎通がまったくできなくなる場合もあります。これは前頭側頭型認知症といって、前頭葉や側頭葉に萎縮が見られる認知症です。

認知症に特効薬はない

何度も申し上げていますが、残念ながら、認知症の特効薬は開発されていません。ただ、進行を遅らせる作用があるとして、ドネペジル（アリセプト）などの薬剤が医師から処方されます。

これまでに多くの製薬会社が認知症の新薬開発にチャレンジしてきましたが、効果のある薬剤成分は見つかっていません。実は、開発の前提となっていた理論が間違っていたからだと最近になってわかりました。

アルツハイマー型認知症患者の脳には老人斑のようなシミが現れ、このシミの成分がアミロイドβ（ベータ）と呼ばれるタンパク質の一種であることから、アミロイドβこそが認知症を引き起こす犯人であり、これを溶かす薬を開発すれば、認知症が治るという仮説が立てられました。

しかし、認知症にならずに亡くなった90歳のシスター・メアリーという修道女の脳を解剖したところ、あるはずのないアミロイドβが発見され、アミロイドβは認知症を引き起こす毒素ではなく、たんに脳の老化を示す兆候に過ぎないという見方が有力になったのです。

認知症は決して治らないと知ってしまったら

認知症は決して治らない。徐々に自分で自分のことがわからなくなる。大学教授や弁護士のような知的な職業に就いていた人でさえ、最後には人格が崩壊し、理性がなくなってしまう。そう知ってしまったとき、あなたならどうするでしょうか。

実話をもとに描かれた映画『アリスのままで』では、主人公の大学教授の女性が50歳で若年性アルツハイマー型認知症と診断されます。物忘れが進み、ランニングに出たまま帰れなくなり、ときどき自分が自分でなくなるような気がして……。

自分のみじめな最期を予測してアリスが取った行動は、認知症が進んだ未来の自分に向けてのビデオメッセージの作成でした。

アリスはビデオの中で「この引き出しを開けて、奥にしまってあるビンの中の薬を

実話をもとにした映画『アリスのままで』は、若年性アルツハイマー型認知症の女性が病気に気づいてからの心の葛藤と病気の進行、そして家族の献身的な愛を描く
『アリスのままで』Blu-ray&DVD好評発売中
発売元：キノフィルムズ
販売元：ポニーキャニオン

全部飲むのよ」と、未来の自分に命令するのです。その意味するところは……。

ネタバレになるのでこれ以上は書きません。映画がアメリカで公開されたのは２０１４年ですが、この映画の中で医師がアルツハイマーの診断結果をアリスに伝える場面でＰＥＴの画像が使われていたのが印象的でした。

認知症の人の最期は

亡くなった女優の朝丘雪路さんは、アルツハイマー型の認知症がかなり進んでいたと報じられました。認知症が死因になることがあるのでしょうか。

徘徊などの行動・心理症状があるときには、まだ体力も意欲もある状態ですが、やがてその体力が衰え、転倒による骨折や、ほかの病気を発症して寝たきりになることがあります。

認知症の最期は、自然に衰弱して老衰となり死を迎える人もいれば、脳卒中、がん、肝硬変、慢性心不全、慢性呼吸不全などを合併して死を迎える人もいます。

味覚が衰え、食べ物の味がわからなくなり、食欲が落ちてきます。食事をきちんと摂れなくなるので、誤嚥《ごえんせい》性肺炎を起こして亡くなる例もあります。

どこか痛いところがあっても、言語能力が低下してしまうと訴えることができず、何かをしてほしいといった意思表示ができなくなります。

やがて、痛みすら感じなくなります。認知症の人の終末期は、がんがあってもモルヒネを使う例はまれで、苦痛の訴えがないのが特徴です。

ＭＣＩのうちに発見して対応すれば治る

特効薬がないとしたら、私たちはどうすれば良いのでしょうか。

リスクを回避する方法はただ1つ。予防医学です。定期的に検査を行い、早期に発見して早期に治療を開始すること。そして、サプリメント等を用いて、自ら積極的に予防を心がけることが大切です。

ＭＣＩ（Ｍｉｌｄ　Ｃｏｇｎｉｔｉｖｅ　Ｉｍｐａｉｒｍｅｎｔ：軽度認知障害）と呼ばれる認知症予備軍のうちに治療を開始すれば、回復したり、認知症の発症を遅らせたりすることができます。認知症を発症しないままに天寿を全うすることも可能です。

２０１２年の65歳以上の高齢者人口約３０７９万人のうち、ＭＣＩは約４００万人、認知症は約４６２万人にのぼると見られます。

図７　健常者、ＭＣＩ、認知症の比率（出典：厚生労働省）

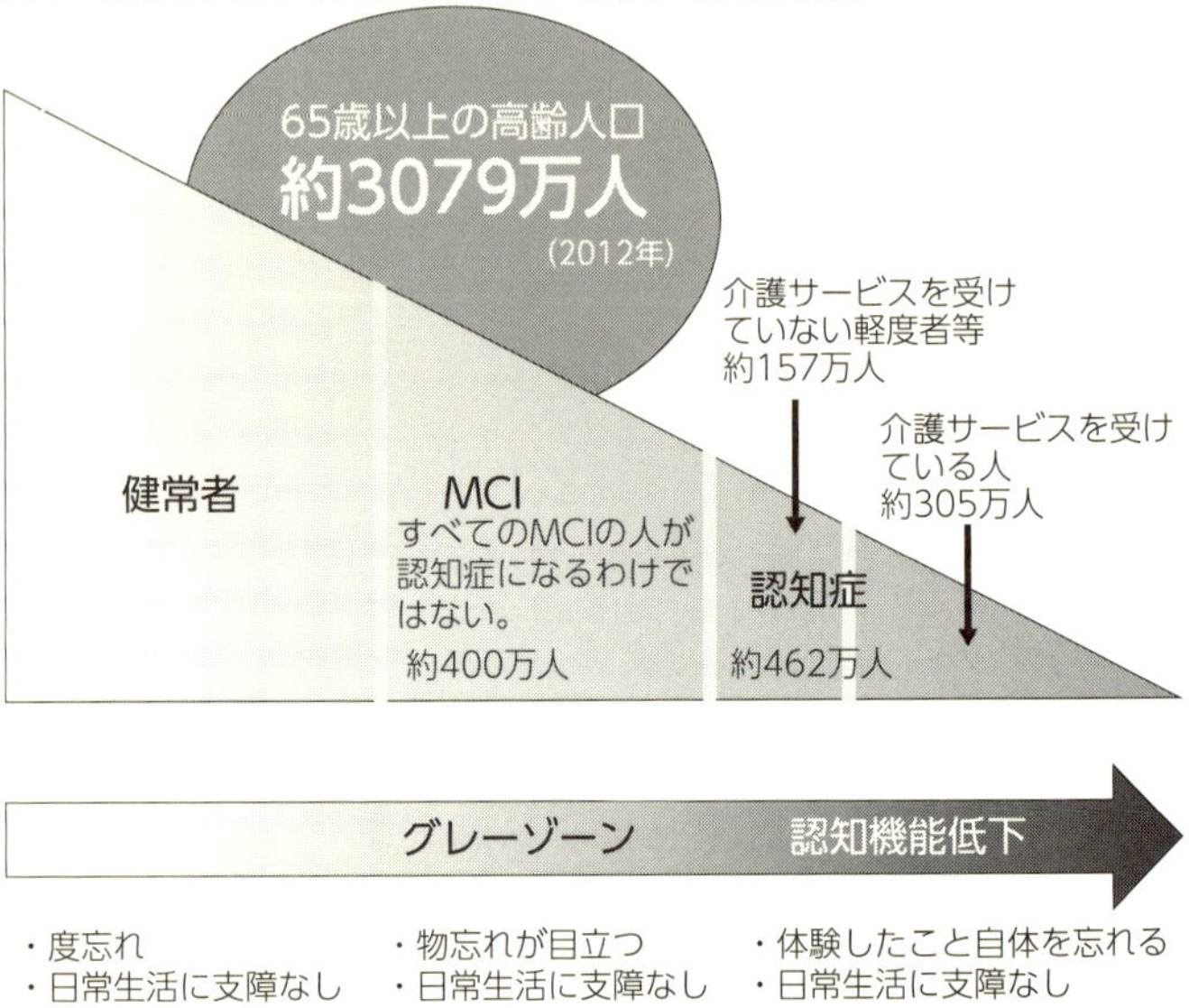

ＭＣＩのうち、すべての人が認知症になるわけではないので、要するにボケるかボケないかの瀬戸際にあると言っていいでしょう。

ボケの症状が現れた段階ではすでに脳が萎縮をきたしており、元に戻ることはありません。このような状態でも本人に病識がないことが認知症の恐ろしい特徴です。

ＭＣＩが疑われたらＰＥＴで調べるのが確実

ＭＣＩの診断基準は、次のようになっています。
⑴自覚的あるいは、他覚的に認知機能低下の訴えがある
⑵認知機能は正常とは言えないが、認知症の診断基準を満たさない
⑶複雑な日常生活動作に最低限の障害はあっても、基本的な日常生活機能は正常
ＭＣＩの診断で難しいのは、何を根拠として「認知機能は正常とは言えない」と判断するかで、一般的に物忘れ外来などの医療機関では、長谷川式認知症テストなどを用いて評価します。
ただ、長谷川式認知症テストで正常とされる21点以上を取ったとしても、ＭＲＩをすると海馬の萎縮などの異変が認められ、ＭＣＩと診断されるケースが多く見られます。
画像検査の中で、最も確実であるのがＰＥＴです。映画『アリスのままで』の画面に登場しましたが、カラー画像で脳の組織や細胞の状態を見ることができます。

対照的に、MRIやCTはモノクロ画像になっていて、脳の内部の萎縮状態を見ることはできますが、個々の細胞の変化まではわかりません。

PETの脳ドックが早期発見早期治療の決め手

今までご説明してきたように、メディカルリサーチが意思能力®鑑定を行う際、現在の脳の状態を調べることができるので、必ずPETの検査をするようにお願いしています。

MRIやCTでは捉えられない早期の病変についても、あるいは見逃されていた過去の病気やケガの痕跡も、発見できるからです。

第1章の最後にご紹介した会社社長は、今後、会社が成長するにしたがって、事業継承や株式譲渡という重要な局面に立ったとき、自分が正常な判断ができるかどうかをあらかじめ判定すべく、自ら進んでPET検査を受けました。

認知症などの病気の兆候はまったくなく、意思能力®に問題なしとの鑑定を下しました。ただ、ＰＥＴが捉えた脳の画像には、過去にできた小さな異変が写っていました。

本人に確認したところ、「30年以上前に事故で大けがをして半年以上入院したので、そのときの傷かもしれないが、頭を打ったことはまったく覚えていない」とのこと。あたかも名探偵のように、過去の出来事までも当ててしまうＰＥＴ。その原理について説明を加えておきましょう。

ＰＥＴで脳の異変がわかる原理とは

ＰＥＴとは陽電子放射断層撮影という意味で、Ｐｏｓｉｔｒｏｎ　Ｅｍｉｓｓｉｏｎ　Ｔｏｍｏｇｒａｐｈｙの頭文字を３つ並べた略語です。その原理は、特殊な検査薬で細胞に目印をつけるというもの。

脳の認知機能を調べる検査の場合は、糖代謝が低下して異変のある細胞が検査薬に反応する性質を利用します。検査薬が細胞に入り込むと放射線（ガンマ線）が放出され、その放出量の違いを画像として表現します。

脳のエネルギー源はブドウ糖です。ＰＥＴで使用する薬剤の主成分はブドウ糖なので、脳機能が落ちている部位では、ブドウ糖の取り込みが落ちます。

正常な細胞は緑色、中間の状態は黄色、そして明らかに異変がある部分は赤というように、正常から異常までを段階的に色分けして示すのです。

検査を受ける人は放射線管理区域に入室し、検査薬の注射を受けます。そして、目的とする部位の細胞に薬剤が行きわたるまで待ってから撮影が始まります。

放射性の物質を体内に入れると聞くと、不安を覚えるかもしれませんが、被ばく量はごくわずかで、胃の検査のときのバリウムよりも少ない量です。

ＰＥＴなら、がんが小さいうちに発見できる

ＰＥＴの検査は、がんの早期発見にも役立ちます。欧米では「がんが疑われたらまずはＰＥＴを」という言葉があるほど定着しています。まずはＰＥＴ検査の結果を見

て、医師が治療方針を決めるのがふつうになっているようです。

がんの検査については、がん細胞が正常細胞に比べて３～８倍のブドウ糖を取り込むという性質を利用します。ブドウ糖に近い成分の薬剤を体内に注射し、しばらくしてから全身をＰＥＴで撮影します。すると薬剤が多く集中する部位がわかり、がんを発見する手がかりとなります。

がんは、体内で発生してから10～20年の年月をかけてゆっくりと成長していきます。

レントゲンなどの従来の方法では１センチ以上の大きさにならないと検出できませんでしたが、ＰＥＴであれば５ミリ程度の段階で発見できることがあります。

がんが大きくなったり転移する前に発見して治療を開始することが予後への決め手となります。遅れれば遅れるほど、治療が難しくなります。

年齢別にかかりやすい「がん」に的を絞り検査

がんの検診は通常、10万円程度ですが、条件を満たせば保険適用も可能です。全身のPET検査は、ほぼ全身が撮影範囲ということもあり、がんの修復や転移・再発の経過観察に非常に適した検査と言えます。

そこで、年代別にかかりやすい、がんの種類を見極め、その部位について検査する方法が効率的です。

国立がん研究センターは、15～39歳のAYA（Adolescent and Young Adult＝思春期と若い成人）について、種類別の罹患率を2017年に公表しました。

1年間にがんと診断されるAYA世代は推計2万1000人で、10代は白血病、30代は女性の乳がんが最多となっていました。

2009～11年にがんと診断された患者のうち、診断の根拠が明確であるなど、一定の基準を満たした27府県のデータを集めて分析したものです。

40歳未満に多いがんの種類を分析したのは今回が初めてであり、年齢ごとに大きく異なる実態が明らかにされました。検診や予防医学のあり方について、見直されるきっかけになるかもしれません。

【事例６】がん末期で意識障害患者の意思能力®を鑑定

がんの末期に意識障害を起こし、意思能力®に問題が出てくる場合があります。この事例では、がん末期の患者の病室を訪れた「友人」に対して遺言が作成され、これを不服とする親族から、弁護士を通じてメディカルリサーチに依頼がありました。

患者は大腸がん、転移性の肝がんで、肝硬変による終末期に入っている状況でした。医師のカルテからそれまでの経過をたどると、最初に見つかった大腸がんは手術で切除できましたが、その２か月後に肝臓への転移の兆候があり、以来、７年間にわたり化学療法や放射線治療を続けてきました。

６年目の時点で腹水の症状があり、歩行障害となり、肝機能の低下による意識障害が現れてきました。いつも目を閉じた状態で、呼びかけに応じていったん目を開いてもまたすぐに閉じてしまいました、目が黄色く濁り、黄疸の症状がかなり進んでいました。

このときに観察されたのが、「羽ばたき振戦《しんせん》」という特徴的な手の動きです。両手を「前へならえ」のように前方に伸ばすと、指先が小刻みに震えるのです。

①肝性脳症による「羽ばたき振戦」が見られた

あたかも誰かを招き寄せているように見えるので、意識があるものだと誤解されがちですが、実はこうなったときには意識障害がかなり進み、ほとんど会話が成立しないレベルです。ぼけ症状は認知症だけでなく、がんの末期の意識障害で現れることもあるのです。

「羽ばたき振戦」の原因は、肝性脳症といって、肝臓で代謝できなくなったアンモニアなどの毒素が脳に回って引き起こされる意識障害です。

アンモニアの血中濃度が高かったことが記録に残っていました。また、夜間に眠れず、動き回るといった不穏な状態であったため、催眠鎮痛剤を点滴したと書かれていました。

肝性脳症による昏睡は5段階のスケールで分別します。羽ばたき振戦は、レベル3に相当し、かなり進んでいるレベルです。レベル5は、終末期の睡眠であり、非常に深い昏睡状態となります。

②遺言があるなら、がんの終末期の前に

このような意識障害があるときに、意思能力®があると見なすことはできません。

この事例ではPET検査をするまでもなく、医師のカルテ及び看護師の記録といった情報をもとに、意思能力®鑑定をすることができました。

PET検査を行うには、薬剤を注射してからしばらく安静にすることが必要であるため、じっとしていられない認知症の人や、意識障害のあるがん末期の人には不適切なのです。

がんの末期に転移が骨にまで及ぶと、大変な痛みを伴います。痛みが続き、安眠す

ることもできません。睡眠導入剤や鎮痛剤が効かない場合は、麻薬であるモルヒネを用います。

モルヒネを使うと痛みは和らぎますが、患者は傾眠傾向（うとうとした状態）になり、意識障害が起きるので、コミュニケーションを取ることが難しくなります。

もしもがんにかかり、死期を宣告されるようなことになったら、無用な争いを避けるため、終末期に至る前に相続の問題をクリアにしておいたほうが良いでしょう。

③代替医療で認知症やがんを予防できる

予防医学で認知症を防ぐもう1つの方法は、サプリメントの活用です。

アメリカでは、サプリメントなどを活用した代替医療が盛んです。わが国のような国民皆保険の制度がないため、病気になると個人で高額の医療費を負担しなければならないため、積極的に予防しようとする人が多いのです。

この章で話題にしてきた、がん、認知症などは高齢者に多い病気です。老化とはからだの細胞が炎症を起こすこと。つまり酸化によって起こります。抗酸化物質という酸化を食い止める物質を多く摂取すれば、老化で起こる病気の予防になります。

毎日の食生活に抗酸化物質を含む食品を多く取り入れるか、抗酸化物質を多く含むサプリメントを服用すれば、予防につながると考えられます。

抗酸化物質の代表例が、水溶性抗酸化物質のポリフェノール。ぶどうやブルーベリーに含まれるアントシアニン、お茶に含まれるカテキンなどがあります。もう一方が脂溶性抗酸化物質のカロテノイドで、かぼちゃ、にんじんに含まれるβ-カロテンや、トマトに含まれるリコペンといった名前を聞いたことがあるでしょう。

抹茶とカカオは脳のスーパーフード

食品だけで抗酸化物質を摂取しようとするには、無理があります。毎日、たくさんの量を食べなければならないので、抗酸化物質の成分を凝縮させたサプリメントの錠剤を服用するほうが効率的であり、いつでもどこでも気軽に使えます。

抗酸化物質の中でも、ポリフェノールを多く含むカカオと抹茶は、酸化の状態を除く力が大きく、脳にとってのスーパーフードであると言われてきました。

認知症の中でもとくにアルツハイマー型認知症の予防には、カカオや抹茶に含まれるポリフェノールが効果的であると考えられています。

アルツハイマー型認知症が多いのは欧米で、日本人には比較的少なかったのです。その理由としては、日本人が以前からお茶をたくさん飲んでいたからだと言う人もいます。

『薬いらずで認知症は防げる、治せる！』という本の中で、著者で医学博士の長谷川亨先生は、「ベストはお茶の葉を食べることである」と言われ、料理のレシピの中に取り入れることを勧めています。

ホモシステイン酸が認知症の原因か

認知症の原因はアミロイドβでないということが明らかになる中で、長谷川亨先生の研究に注目が集まっています。長谷川先生は、ホモシステイン酸という一種の神経毒が、腎機能が低下すると同時に、排泄されずに体内にたまると、脳内では認知機能の低下をもたらすということを証明し、論文で発表しました。

実際、糖尿病が悪化して合併症である腎症になった患者さんに、認知症が多いことは以前から知られていました。

ホモシステインは、必須アミノ酸のメチオニンが葉酸、ビタミンＢ６などの作用で代謝されるときにできる中間物質であり、これ自体はなんの害ももたらしませんが、酸化によってホモシステイン酸に変化したときに、神経毒として作用し、脳細胞にダメージを与えるのです。

水素は、その化学記号がホモシステイン酸に似ていることから、神経毒の作用を減らすことができると考えられ、サプリメントの成分に取り入れました。

メディカルリサーチでは、長谷川先生の論文の中にある、「ホモシステイン酸の血液中濃度が高まれば認知機能が低下する」というデータに着目して、顧問医の佐藤俊彦先生による監修のもとで、サプリメント「１９６９」を開発しました。

ホモシステイン酸をブロックするサプリメント

実は、ホモシステインの研究は1960年代から始まっていて、ハーバード医科大学院の若き病理学者だったキルマー・マッカリーが1969年に血管疾患に関係があると発表しました。

しかし、当時の医学界で彼の説は懐疑的に受け取られ、彼はとうとう医学界から追放されてしまいましたが、のちに彼の説は認められ、ハーバードに呼び戻されたのです。

こうした彼の研究に敬意をこめて、私たちは認知症をターゲットにしたサプリメントに「1969」という名前をつけました。

医学界は、アミロイド仮説によって遠回りをさせられました。ようやくその間違いに気づき、アメリカの大手製薬会社がアミロイド仮説に基づく認知症薬の開発を相次いで断念した今、ホモシステイン酸の毒性をブロックする物質の探求が注目されるようになってきているのです。

「１９６９」には、ホモシステイン酸を攻撃するフェルラ酸やフラナガン水素、ホモシステイン酸を無毒化する酵素の働きを強める緑茶、脳にとってのスーパーフードと言われるカカオなどが入っています。

水素が認知症の症状を改善する

ホモシステイン酸をターゲットにした研究が有効であることを示すデータを、２つご紹介しましょう。

メディカルリサーチが「１９６９」の前に開発したサプリメントの「ＨＢＦ（水素頭脳食）」を91名のアルツハイマー患者に２か月間にわたって服用してもらったところ、全患者に強い回復が認められました。

アルツハイマーの中期患者、とくにステージ４の中の数名は、完璧に認知力を回復し、健常な状態までに回復したのです。

末期患者でさえも、認識行動が回復し、以前は家族の顔さえ忘れていたのに思い出せるようになり、最終的には他人との会話を理解できるようになりました。

ただ、記憶障害だけは残りました。すべての末期患者の認知症テストの結果が良くなるというわけにはいきませんでした。ただ、表情が生き生きとしてきて、笑顔を見せる患者さんもいました。「廃人同様になる」と言われてきたアルツハイマーの末期としては、著しい改善であるということができるでしょう。

ホモシステイン酸を体内にためると認知機能が低下

もう1つのデータは、ホモシステイン酸の毒性を示すものです。順天堂大学浦安病院でアルツハイマーと診断された110名の方の尿を調べたところ、腎機能が低下していることがわかりました。

尿の中に含まれるホモシステイン酸が多い人ほど、認知症テストのMMSE（ミニ・メンタル・ステート検査）の点数が高い。つまり、ホモシステイン酸を多く体外に排出する人に比べ、うまく排出できずに体内にため込んでいる人ほど認知機能が低下していました。

ホモシステイン酸をこわす目的の水素、抗酸化物質のフェルラ酸、抗酸化物質を多く含むカカオ、抹茶は、今後ますます注目を集めそうです。

ちなみにフェルラ酸は植物の細胞壁に含まれる成分で、以前から医薬品、食品、化粧品の原料として使用されています。

新たに米ぬかから抽出する技術が開発されています。米ぬかを含む玄米食だけで多くのフェルラ酸を摂取するのは難しいので、サプリメントのほうが有効でしょう。

第3章

医療過誤の疑惑を解明する医学鑑定

「まな板の上の鯉」に、ならないで

第1章、第2章を通じて私がお伝えしたかったことは、医療の仕事に就いていない専門外のみなさまであっても、病気に対して予防の意識をもつことの大切さ、病気に対して必要以上に恐れたりすることなく、理性的に対応することの大切さでした。

私たちメディカルリサーチは、日々、さまざまなご依頼をいただきますが、その中には、「もう少し早く精密な検査を受けていれば良かったのに」と思われるケースのほかに、「自分の命なのだから、主治医任せにしないで、セカンドオピニオンなどを活用すれば良かったのに」と思われるケースがたくさん寄せられています。

たとえば、がんの治療で医師から「今すぐ切れば治ります」と言われたことをうのみにして、「はい、先生の思うとおりにしてください」と、全面的にお任せにしてしまう人のなんと多いことか。それでは、必ずしも良い結果につながるとは、もちろん言えません。

私を含め、メディカルリサーチには病院で看護師として働いた経験をもつ者が多数おり、皆、同じような苦い経験があります。だから言いたいのです。「まな板の上の鯉」になる覚悟なんて、要りません。むしろ、そうでないほうがいいのです。

失敗を、失敗じゃないと言い張る医師

自分には医学の知識がないから、手術室で「まな板の上の鯉」になるしかないというお気持ちはわかります。でも、手術室に入ってからでは遅いのです。その前に、もっとやるべきことがあります。

病院を舞台にしたテレビドラマには、「私、失敗しないので」を決めゼリフにする医師が出てきます。米倉涼子さんの演技はユニークで、現実には、そこまで自信過剰な医師はいないかというと、そうでもありません。それどころか、失敗を失敗じゃないと強弁する医師もいます。

これからご紹介するのは、がんの疑いで胃を3分の2も切除されたあと、実はがんではなかったことが判明し、医師の責任が問われた事例です。

胃を取ってしまうと、それ以前と同じように食生活を営むことが難しくなります。「こんなはずじゃなかった！」と憤る患者と家族に対して、医師の言い分は、「がんであろうとなかろうと、病気の部分を切り取って症状が消えたのだから、結果オーライだ。医療ミスではない」というものでした。

〔事例7〕「肉眼的に胃がんである」と医師から言われた

そこには、専門外の人にはわかりづらい、医師の世界だけで通用する「プロフェッショナル・フリーダム」といいますか、独特の思考方法があるように思えます。手術に至るまでの経過をご説明しましょう。

患者さんは、60代の主婦。最初は家の近くの町医者に受診し、胃の具合が悪い、食欲がない、むかつきがある、げっぷが出るとの症状を訴え、「大きな病院で詳しく診てもらったほうが良い」と、紹介状を書いてもらいました。

受診した大病院の医師の所見によると、胃カメラで検査をしたら、胃の奥が狭くな

っていて出口（幽門）までは胃カメラが届かなかった。すなわち「胃幽門狭窄がある
ので、肉眼的に胃がんである」と判断したと、記録に残っていました。
これは医師の「判断」に過ぎず、確定診断ではありません。確定診断には、胃の組
織の生検《せいけん》の結果など、精密な判断材料が必要です。
ただ、結果が出るまで2週間かかる。スキルス性胃がんのような悪性の進行がん
は、胃の表面の細胞を検査しただけでは見極められない。生検をやるまでもなく胃が
んだ。手術して早く胃を切除したほうが良い――医師は、そう勧めました。

①切ったのは、がんではなかった！

折あしく年末年始を控え、生検の結果を待つならば次の診察は年明けだと医師から
告げられたそうです。
「悪性の進行がんだったら手遅れになるかもしれない」と焦った患者さんは、「先生
の見立てが胃がんであるならば、一刻も早く手術をして取ってください」と願い出ま
した。

緊急手術が執り行われ、医師は患者さんの胃の3分の2及び周囲のリンパ節まで大きく切除しました。転移のリスクを最低限に抑えるという判断があったのかもしれません。

手術中に、これは必ず行われることですが、執刀医が切り取った胃の組織が臨床検査部門に回されました。検査結果は、結論から言うと胃がんではなかった！

「医師になんらかの過失があったのではないか」と、弁護士を通じてメディカルリサーチに医学鑑定の依頼が寄せられました。私たちは多くの専門医と契約をしていて、そのうちの1人に医学鑑定を依頼しました。

②「プロフェッショナル・フリーダム」が露骨に出た

「がんではなかったのだから、結果的に良かったじゃないですか。早急にオペができるように取り計らってくれた医師に、むしろ感謝すべきですよ」

1人目の医師の考え方は、誤診をした医師とほぼ同じ。本人に悪気はないのでしょうが、いわゆる「プロフェッショナル・フリーダム」が露骨に出ています。

フリーダム、つまり言いたい放題――それは医師の思い上がりだと受け取られるでしょう。患者の感情や意思への配慮がありません。「結果的に良かった」と言われても、患者さんは喜べない。胃を３分の２も切除した後遺症に苦しんでいるのです。

切除後の小さな胃では消化がうまくできません。おなかが緩くなり、外出時はトイレの心配がいつも付きまといます。少量ずつゆっくりと噛むことが必要で、一度にたくさん食べてしまうと、血糖値を下げるためのインスリンの分泌量が実際の糖分量よりも勝ってしまうため、低血糖が起きます。

低血糖になると意識がなくなって昏倒《こんとう》し、近くに誰もいなくて処置が遅れた場合は死に至ることさえあります。

③費用持ち出しで2人目の医師に鑑定を依頼

著しいＱＯＬ（生活の質）の低下です。この患者さんにとって、好きなものを好きなときに好きなだけ食べるという楽しみは永遠に奪われてしまったのです。

そもそもがんではなかったのだから、命と引き換えにそのくらいの不自由さは仕方

図8　医師の「プロフェッショナル・フリーダム」がトラブルを招く

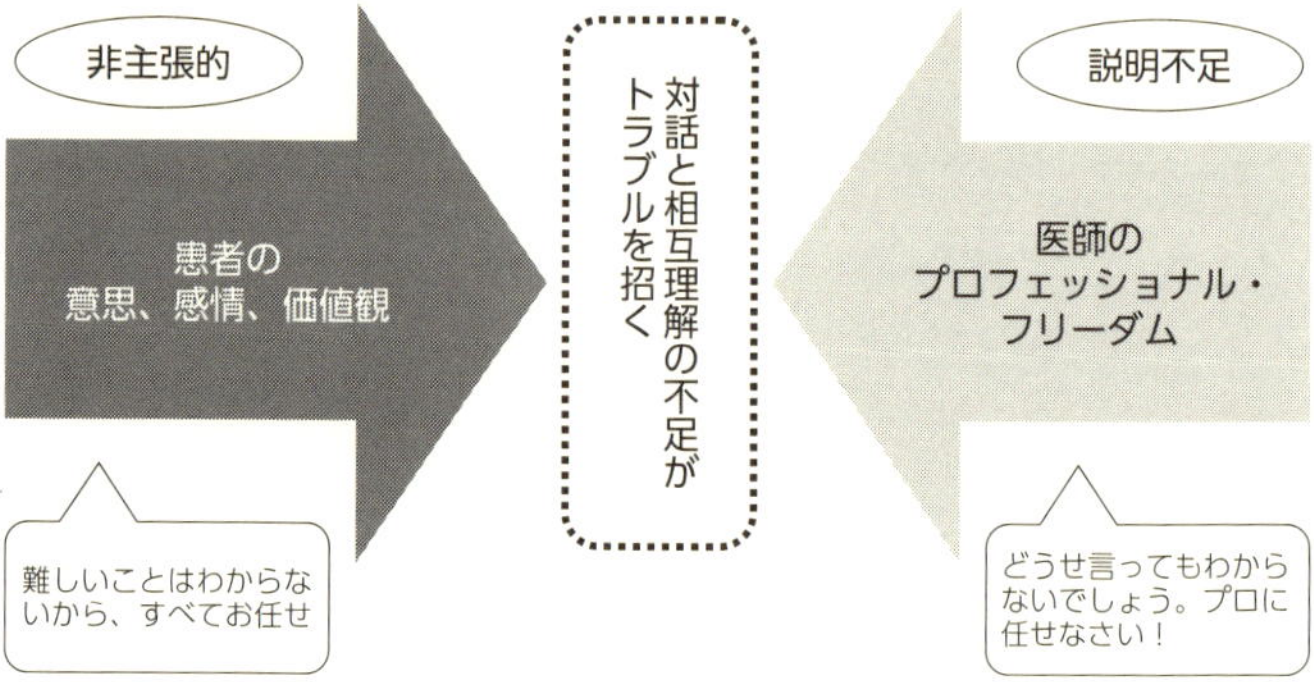

がないと言われても、ご本人は納得できないでしょう。

メディカルリサーチのスタッフの大半は医療職の経験者ではありますが、だからといって医師に肩入れするわけではありません。中立、公正な立場で、診療記録、看護記録、検査画像といった医学的根拠に基づく鑑定を目指しています。

1人目の医師の見立てでは、医師の立場では「正論」なのかもしれませんが、患者側の価値観とのギャップが大きすぎます。結局、弊社の費用持ち出しで2人目の医師に鑑定を依頼しました。その鑑定結果は、1人目の医師とはまったく異なる内容でした。

胃カメラの検査時に摘出した細胞からも、手術で切除した胃の組織の細胞からも、胃がんの所見はなかった。手術を急がず、本来の手順どおりに事前に精査して確定診断をすべきであった。よって医療機関の過失が疑われる――。

④医師には説明責任がある

この事例では、「本来の手順」が論点です。胃がんであるという確定診断を出すには、医師の肉眼での見立てだけでは根拠が不十分であり、胃の組織の細胞検査、血液検査といった検査データが不可欠でしたが、時間がない、待てないとの理由で考慮されませんでした。

医師が診断を下し、治療方針を決めるときには、長年の経験やカンといったあいまいなものではなく、検査データや画像、過去の手術例の記録、検証された論文といった医学的根拠を判断基準としなければなりません。これが、「本来の手順」です。

さらに、「こういう理由で、こういう治療を行い、それにはこういったリスクもあります」という説明を医師が患者に対して行い、同意を得る義務があります。これをインフォームド・コンセント（＝ＩＣ、説明と同意）と言います。

図9　インフォームドコンセント

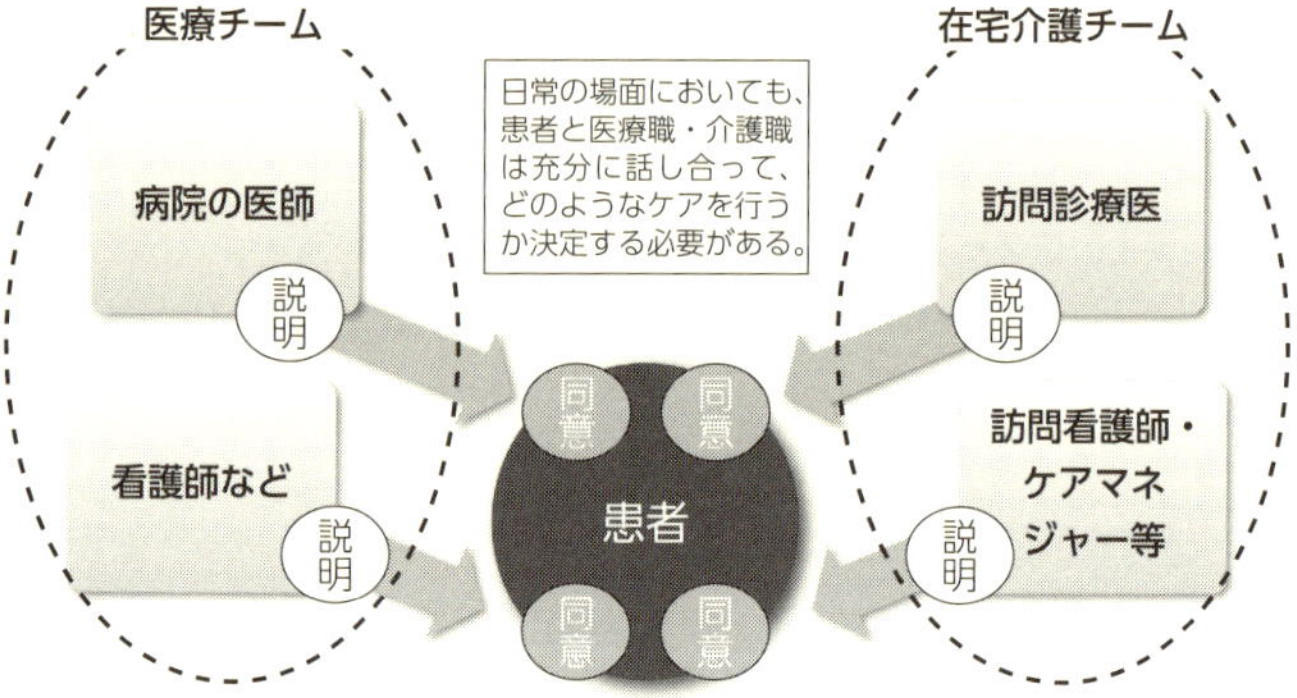

「本来の手順」は、患者にも関係してきます。患者は検査データを医師から入手し、説明を受けて内容をよく理解し、不安や疑問点があれば質問すべきでした。何もかも医師にお任せでは、適正な医療を受けられないリスクを負うことになります。

⑤患者には情報を得る権利がある

このケースを医師の過失だとし、それで損害賠償請求をしたとしても、無意味に切り取られた胃が戻ってくるわけではないのです。

自分や家族が病気になったときに同じようなトラブルに遭わないようにするためには、検査や治療の目的、それによって予想される結果、もちろんメリットもデメリットも含めて——についての情報を求め、その意味を理解できるまで医師に質問することが必要です。

そのような「患者の権利」は、世界医師会が１９８１年に採択した「リスボン宣言」で保障されており、世界中の医師は「患者の権利」を守らねばなりません。情報を得る権利について、「リスボン宣言」にはこう書かれています。

患者は治療についての「自己決定」の権利を有し、「自分自身の決定を行う上で必要とされる情報を得る権利を有する」と。

「まな板の上の鯉」だからどうにでもしてくれという態度では、むざむざこの権利を自己放棄するようなものです。

リスボン宣言が保証する「患者の権利」

(1)　良質の医療を受ける権利
(2)　選択の自由の権利
(3)　自己決定の権利
(4)　意識のない患者（への対応）

(5)　法的無能力の患者（への対応）
(6)　患者の医師に反する処置（が認められる例外的な事例）
(7)　情報に対する権利
(8)　守秘義務に対する権利
(9)　健康教育を受ける権利
(10)　尊厳に対する権利
(11)　宗教的支援に対する権利

※リスボン宣言の11の見出し及び（　　）の中の言葉は、著者が追加。

患者の権利の確立のためには新しい法律が必要

わが国では、日本弁護士連合会が1992年に「患者の権利の確立に関する宣言」

を出しています。その趣旨は以下のとおりです。

――医療において患者の主体的な意思が尊重される権利は基本的人権に由来し、国際人権法もこれを認めるところとなっています。

この権利の中核は、患者が自己の病状、医療行為の目的、方法、危険性、代替的治療法などにつき正しい説明を受け理解した上で自主的に選択・同意・拒否できるというインフォームド・コンセントの原則であり、適切な医療を受ける権利と並んで、医療において必要不可欠なものです。

ところが、わが国の医療現場においては、患者は、正しい説明を受け、理解した上で自主的に選択しているとはいい難いのが実情です。

真に患者のための医療が実現されるように、医療の現場でインフォームド・コンセントを中心とする患者の諸権利が保障されるようにするためには立法化が必要です。

しかし、いまだに立法化は実現していません――

患者8人が死亡した「群馬大学病院事件」の教訓？

患者の権利を守るためには、患者自身が医療の現場で声を挙げることが必要不可欠です。「医師が説明してくれなかった」とか、「説明を聞いてもよくわからなかった」という状態のまま放置したときに、一番泣きを見るのは患者自身です。

２０１４年、群馬大学病院で腹腔鏡を使う高難度の肝臓手術を受けた患者８人が死亡した事件は、まだ記憶に新しいところです。

病院側は、８人の手術で、それぞれの肝機能が手術に耐えられるかを調べる術前検査が行われず、患者へのインフォームド・コンセント（説明と同意）が不十分であったと認めました。

遺族の証言や残された文書からも、医師が十分な情報提供をしていなかったことが明らかでした。合併症の頻度や死亡率といったリスクは、ほとんど知らされていなかったのです。

このようなつらい事件があったにもかかわらず、最近でも事例7のようなことが起きるのですから、まだ何も変わっていないのかもしれません。

死が間近に感じると人は「否認」しようとする

ただ、「患者の権利」の主張といっても、がんのような死に至る病の宣告を受け、心が揺らいでいるときには、健全な意思能力®を発揮することは難しいでしょう。

あなただったら、自分が「がんかもしれない」と医師から告げられたときに、どうなってしまうでしょうか。

人生の中で一度あるかないかの大きな衝撃です。何しろ、死が間近に迫っているのかもしれないのですから。

本当に、助からないのか。家族はどうなるのか。まだ、自分の人生にはやり残したことがある。悔しい。怖い。現実から逃げてしまいたい。これは何かの間違いだ。

人は、死が迫っているかもしれないという事実に直面したときに、さまざまな思いに押しつぶされないように、その事実を「否認」しようとします。

図10　キューブラー・ロスの「死の受容」のプロセス

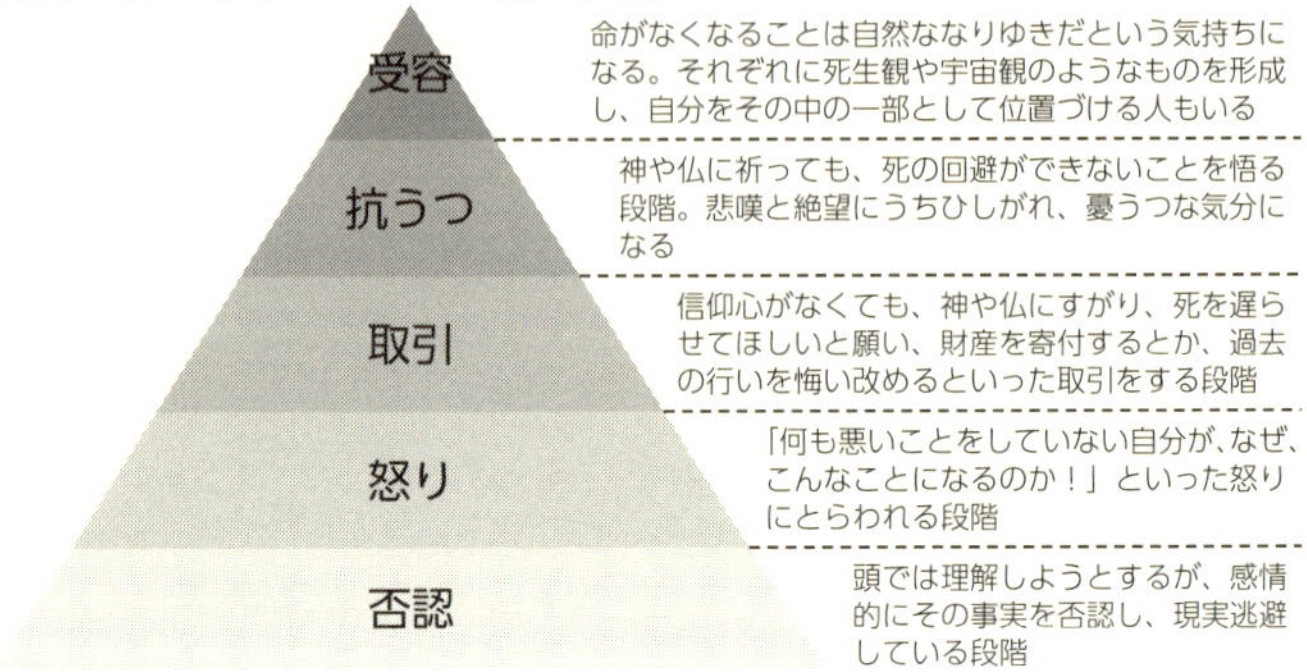

それは、人が命の危機に直面したときに誰もがたどる心理的なプロセスの第1段階であると、精神科医のエリザベス・キューブラー・ロスが説明しています。ロスによると、人が自分の死を受け入れられるようになるまでには、図10のような5段階の心のプロセスをたどっていきます。

「否認」を乗り越え現実を直視して早く対応する

ロスのいう「死の受容」のプロセスにおいて「否認」の段階にあるとき、人は自分の殻に閉じこもり、周囲の意見に耳を傾ける余裕がなくなってしまいます。

病気によっては早期に意思決定をしなければ手遅れになるケースもあります。最も信頼できる医師を探し出し、家族やほかに味方になってくれる人と共に前向きに闘っていく姿勢が求められます。

現実を直視し、早期に意思決定をすれば、死期を遅らせることができるかもしれないし、治療後の生活のＱＯＬを著しく低下させることはないでしょう。

たとえば、乳がんの診断を受けたとき、その状態によって、さまざまな選択肢があります。患者の選ぶ権利を行使できるのです。それには詳しい情報が必要です。

乳房のすべてを切除するか、部分切除するかの選択だけとは限りません。重複がんといって、ほかの臓器にも原発がんが認められる場合もあるし、転移の可能性もあります。

図11　多発がん、重複がん、多重がんの違い

多発がん	同じ臓器に原発がんが複数できる
重複がん	他の臓器にも原発がんが認められる
多重がん	多発がんと重複がんを包括する意味で使う

がんは同時に異なる臓器で発生することがあります。ひとつだけでも嫌なのに、複数できるとショックで目の前が真っ暗になりそうですが、それぞれが全く別物であり、転移したがんより性質が良い可能性もあります。

その可能性を明らかにするには、ＰＥＴで全身検索を行い、乳がんの治療だけで良いのかを改めて検討すると良いでしょう。

セカンド・オピニオンを得る方法がある

もしも、乳がんの転移がある場合には、標準的な治療方法を取るとしたら、第１選択は手術ではなく、化学療法です。人によっては、「切ってしまったほうが安心」と思ったり、「化学療法となると、副作用で髪の毛が抜けてしまうのが嫌だ」と思ったりして、心がさまざまに乱れるでしょう。それでも取り乱すことなく、冷静になり、納得のいくまで医師に説明を求めるべきです。

がんにはいろいろな種類があります。進行のステージによっても治療法が異なり、患者の年齢や、ＱＯＬに対する価値観によっても、選ぶ術式が異なってくるでしょう。切除したあとの体型がどのように変化するかについても、医師から詳しい情報を得ておく必要があります。

ほかの病院を紹介してもらい、セカンド・オピニオンを得る方法もあります。それには、医師から検査画像などの多くの資料を提供してもらい、紹介状を書いてもらう必要があります。今どき、セカンド・オピニオンを取ることに対して嫌な顔をする医師は少ないはずです。むしろ、積極的に勧める病院もあります。

保険のきかない自由診療も選択肢に

ただ、注意していただきたいのは、多くの病院では治療ガイドラインに定められた標準的な治療方法を選択するので、セカンド・オピニオンを取ってもほとんど同じということが起こり得ます。大学病院以外で、保険診療以外の自由診療による治療法の選択も含めて、相談すると良いと思います。

たとえば、こんな事例がありました。甲状腺がんで、「今、切除すれば治る」と主治医から言われた患者さん。「治る」と言われれば、手術に飛びつきたいところですが、実は手術後に嗄声《させい》と言って、声が嗄《か》れる副作用が出る場合があり、「喉のイガイガ感が残るでしょう」と、医師から言われました。

その患者さんは、趣味でコーラスのサークルに入っていたので、喉の状態が悪くなることには抵抗がありました。そこで、セカンドオピニオンを受け、「ほかに何か方法はないでしょうか」と質問したところ、免疫療法といって、自分の正常な細胞を培養し、体内に戻してがん細胞を攻撃させる方法があることを教えられ、保険のきかない自由診療になることを承知の上で、「その方法を選択します」と、自分の意思を主張しました。

「予後」の生活について確認しておこう

セカンド・オピニオンを含めて、医師から情報を得るときには、手術の術式といった治療法のみならず、治療後、どの程度の回復が見込めて、どの程度の後遺症が残るのか、今後、合併症のリスクがあるのか、今までのような生活を送れるのか、それともＱＯＬが低下するのか――、つまり、「予後」がどうなるかについても、納得のいくまで質問して明確にしたほうがいいでしょう。

しっぽを切っても再生するトカゲのように、人間の臓器も再生できればいいのですが、そうはなりません。切ったことによるダメージは必ずあります。

たとえば、すい臓がんですい臓を全摘する場合、胃も3分の1から2分の1程度、切除しなければなりません。術後にはただちにインスリンの投与が始まります。

1日3回のインスリン自己注射を毎日続け、インスリンが効きすぎて低血糖になったときのために、すぐに口に入れられるアメや小さなお菓子を持ち歩かなければなりません。低血糖になると、意識を失う場合があります。外食するときに、人目が気になるならば、食前にトイレに入って注射を打つことになります。

患者には知る権利、医師には説明する義務がある

ここまで読んでいただければ、もう、何もかも医師にお任せという気分には決してなれないでしょう。今は日進月歩の勢いで医療技術が進化していますので、患者も最新の情報を集めるなどして、自分の命と生活を守る活動をしなければなりません。終活の前に「生活」。よりよく生きるための活動が必要なのです。あるいは、命を終わらせないため、持続させるための「持活」とでも言いましょうか。

まず、病気の早期発見のためには、ＰＥＴのような最新の検査技術を使って徹底的に調べると良いでしょう。ＣＴ・ＭＲＩが見つけられるがんは1センチ以上、ＰＥＴは5ミリで見つけられます。

もしも病気がわかったら、医師と綿密なコミュニケーションを取り、治療法及び予後の生活について、納得のいくまで説明を求めます。

このとき、遠慮やがまん、諦めは無用です。患者には知る権利があり、医師には説明する義務があります。他方、あまりにも攻撃的な言い方では、良い対応は望めません。感情的にならず、落ち着いた態度で堂々と医師と向き合いましょう。

〔事例8〕皮膚がんと重複していた大腸がんを見落とす

次にご紹介する事例は、最初の皮膚がんの手術は成功したけれども、知らぬ間に別の大腸がんが進行してしまったケースです。経過観察時における医師の過失が疑われ、弁護士を通じてメディカルリサーチに医学鑑定の依頼がありました。

最初の手術の前にセカンド・オピニオンを取っていれば防げたかもしれません。また、術後の経過観察について、執刀医の病院ではなく、別の病院で行っていれば、手遅れになる前に大腸がんを発見できたと考えられます。

あまり知られていない事実ですが、手術の成功例が多い有名な病院であっても、必ずしも術後の経過観察を丁寧に行ってくれるわけではないのです。

２０１１年７月、当時81歳の患者の右足の親指に皮膚がんが見つかり、ただちに手術が行われました。がん細胞の検査で悪性度の高いメラノーマとわかり、親指をすべて切除する結果となりました。

手術後、転移を防ぐために抗がん剤治療が開始され、経過観察と抗がん剤の効果判定のため定期的にＰＥＴ検査を行うことになりました。

①ＰＥＴ検査の結果を医師が誤読した？

私たちは、この患者について２０１１年10月に撮影されたＰＥＴの画像を入手して精査しました。前にも述べたとおり、ＰＥＴ検査は、がん細胞が正常細胞に比べて３

～8倍のブドウ糖を取り込む、という性質を利用します。

撮影の前にブドウ糖に近い成分（FDG）を患者の体内に注射し、しばらくしてから全身をPETで撮影します。するとブドウ糖（FDG）が多く集まるところがわかり、がんを発見する手がかりとなります。

事例8の主治医の診療記録を見ると、PETの画像で患者の甲状腺にFDGが多く集まっていることに着目し、ただちにCT検査で精査しています。その結果、甲状腺にがんはないと診断されました。

実は大腸にもFDGの集積がありましたが、当時の主治医はなんの対応もしていません。たんに便がたまっているだけだと思って、見過ごしてしまったのでしょうか。

PET検査のレポートは、主治医だけでなく放射線科医の読影（診断）がなければ成立しません。放射線科医までも検査画像を誤読したとは考えにくいのですが……。

②放射線科医はドクターズ・ドクター

放射線科医は、別名「ドクターズ・ドクター」とも呼ばれます。CTやPETといった放射線を使った検査の画像から患者の病状を見立てる技術、すなわち読影技術にかけては、ほかの診療科の医師から大きな信頼を得ています。

また、みなさんが主治医から説明を受ける画像は、放射線科医が事前に読影しているることがベストです。

それでも事例8のように見逃されるリスクがあるとしたら、そのリスク対策として、患者は検査画像を入手し、別の医療機関でセカンド・オピニオンを求めたほうが安心です。

また、経過観察については、毎日何例もの手術を行う急性期病院では、きめ細かい対応を期待することが難しいので、身近な地域のかかりつけ医と相談して行えれば理想的です。

欲を言えば、急性期医療、セカンド・オピニオン、定期的な検査、日ごろの健康管理と、目的別に医療機関を使い分ける知恵が、現代では求められています。

③高齢では侵襲的な治療は難しい

事例8の手術後の経過をご説明すると、2014年2月に行ったCTの検査画像では、明らかに大腸がんの影が見て取れました。

患者が高齢であったために、最初の手術から約３年近くかけて、ゆっくりとがんが大きくなっていきました。当時、すでに84歳。開腹手術のような侵襲《しんしゅう》（生体を傷つけること）的な手術を行うにはリスクが高いという判断が常識的です。手術後に肺炎や腸閉塞で亡くなる可能性が考えられるからです。

では、結論として最初に診断した皮膚科医の誤診を問えるかというと、必ずしもそうはなりません。

進行がんの皮膚がんは完全に切除され、急性期医療の役割は果たした、早期に大腸がんを発見できなかったことが、患者の余命にどれだけ影響しているかはわからない、高齢者のがんはゆっくりと経過することが多く、たとえ早期に手術したとしても、術後の合併症などで亡くなる場合があるからだ――。そんなロジックが成立するのです。

④「もしも」あのときに適切な治療をしていれば

結果論ですが、2011年10月のPET検査の結果を別の病院に持ち込んでいたら、別の治療方針が立てられていたかもしれません。また、大腸を内視鏡で検査し、内視鏡による手術で切除することができたかもしれないのです。

当時、患者はすでに81歳という高齢でしたが、内視鏡手術であればほとんど侵襲がなく、術後に安静にしていればまったく問題がなかったと思われます。

しかし、この事例では最初に診断を下した医師の言うことを100パーセント信じてしまったために、間違った方向へまっすぐに突き進んでいってしまいました。

他方、私たちメディカルリサーチは起こった事象を逆方向から検証していくので、「ここでこうしていれば別の可能性があった」という分岐点を見極めることができ、場合によっては、それが裁判で医療過誤を争う場合の争点にすることができます。

技術が進んだ現代の医療においては選択肢が多数あり、適切な判断をすれば大切な命を守れる可能性が高いのです。もしも命を守れなかったとしたら、そこに過誤の可能性があり、事後の詳細なリサーチにより、原因の究明ができます。

〔事例９〕くも膜下出血をうつ病と誤診

疑うことは悪いことのように思っている人が多いようですが、医療の現場では、疑うことが非常に重要です。医師の言葉を疑わず、「まな板の上の鯉」だとばかり、すべてをお任せにすることの危険性は、繰り返し述べたとおりです。

それとは逆に、事例９は医師が患者の周囲の人々からの情報をうのみにして、「疑い」をもたなかったために、一刻を争う救命救急の現場で、適切な処置ができなかったケースです。

56歳男性が、大学病院に救急搬送されてきたのが午後４時。後頸部《こうけいぶ》（首のうしろ）の痛みと吐き気を訴え、意識がもうろうとしています。付き添ってきた職場の人の話では、「仕事中に急にしゃがみこんでしまった」、「最近、仕事が忙しくて疲れがたまっており、夜あまり眠れていないと言っていた」とのこと。

知らせを受けて病院に駆けつけた妻は、「家でもお酒をたくさん飲んでいました。

ストレスがたまっているのか、ふさぎ込んでいました。実は私、うつ病で治療中なのでわかるけれど、夫もうつだと思います」と言いました。

①手術中に再出血が起こり、患者は還らぬ人に

これらの「証言」をもとに、医師は「うつ病ではないか」と判断し、うつ病ならば処置を急ぐ必要がないので、経過を見守ることにしたのです。

時間が経過しても患者が回復しなかったので、念のために撮影していた頭部のCT画像を当直の医師が確認したのが深夜2時。画像から出血が確認されたので、くも膜下出血と診断し、翌日の昼から緊急手術を行いましたが、手術中に再出血が起こり、患者は植物状態になりました。入院治療のかいなく、1週間後に患者は心停止して死亡宣告されました。

くも膜下出血は、頭がい骨と脳の間のくも膜下に張り巡らされた血管に動脈瘤ができて破裂するもので、前触れもなく突然起こることが多いと言われています。

幸いにして生還した人によると、「頭痛がひどかった」、「血圧が高かった」との報告がありますが、これらの症状からくも膜下出血を予測することは難しいでしょう。一度出血すると、24時間以内に再出血することが多く、再出血後の治療は困難を極めます。

②もっと早く手術していても同じ結果だったかもしれない

残された家族は、「うつ病かもしれない」と最初に言いはしましたが、それでも、専門の医師であればもっと早く正しい診断を下すことができたはずであり、もっと早く手術していれば助かっていたかもしれないし、手術中にミスがあったのかもしれないと、もどかしい気持ちでいたことでしょう。弁護士を通じて、メディカルリサーチに医学鑑定の依頼が持ち込まれました。

脳外科の臨床医が患者の頭部CT画像及び主治医の診療記録を精査して医学鑑定を行いました。医学意見書に書かれた結論は、「シロ」でした。

「仮にもっと早く手術していたとしても、血管の再破裂を防ぐことができたとは限らず、命を救えなかったかもしれない。最終的に、くも膜下出血の診断を下して適切な処置を行ったので、医療ミスとは言えない」との結論に至りました。

この事例から私たちが学べることはなんでしょうか。それは、「生死に関わるリスクの大きさから順に検討し、1つずつ可能性を否定していくこと」です。この場合は患者が訴えていた後頚部の痛み、吐き気、意識消失に焦点を当てるべきでした。

③動脈瘤のリスクは脳ドックで調べられる

くも膜下出血は、日本においては男性よりも女性の発症例が多く、年齢は30〜40歳に多く見られます。危険因子としては、喫煙習慣、1日に150cc以上の飲酒、高血圧が挙げられます。

肥満度（BMI）は、クモ膜下出血の発症と逆相関しており、やせた高血圧の人、やせた喫煙者でクモ膜下出血の危険が増大したという報告もあります。

前に述べたとおり、予見が難しい病気ではありますが、定期的にMRIによる脳ドックを受けていれば、脳血管の中の動脈瘤を発見することができたかもしれません。

大手企業では、福利厚生の一環としてメディカルクラブに加入している例が増えているようです。

ＭＲＩによる脳ドック、ＰＥＴによるがんの検査など、高額の費用がかかる検査については、自己負担になるかもしれませんが、会社役員、経営者といった経営責任を担う人であれば、病気のリスクマネジメントは役割責任の内に含まれるという認識が必要でしょう。

〔事例10〕交通事故の後遺症で高次脳機能障害

メディカルリサーチが医学鑑定を行う対象は、医療ミスのほかに交通事故による後遺障害も含まれます。事故発生時には顕著な症状がなかったとしても、年月を経て生活に支障をもたらす障害が現れてくる場合があり、その障害と事故の因果関係を、医学的見地から明らかにすることが私たちの使命です。

事故時の治療が適切だったか、後遺障害の可能性を予見・予防できなかったか、自賠責保険における障害等級の判定が的確かどうかといったことに関わってきます。

医療と法律のはざまで起こる問題で、そこで扱われる専門用語が難しいために、被害者や家族の意思が反映されない場合があり、私たちのようないわば「仲立ち役」が必要とされるのです。

事例10は、4歳のときの交通事故で脳挫傷、外傷性くも膜下出血、左腎臓障害の所見があり、その後、症状が消失してほかの子と同じように成長し、小学校や中学校のときにはなんの問題もなかったのに、高校生になってから「これはおかしい」と家族が気づいたケースです。

①フィルムを電子データに変換し過去のメッセージを読み解く

私たちメディカルリサーチが依頼を受けた時点では、事故から十数年が経過していました。事故当時、1990年年代の検査画像はフィルムに焼き付けて保存する方式でした。

現在の電子データ方式とは隔世の感がありますが、メディカルリサーチは最新の技術を活用し、過去からのメッセージを読み解きます。フィルムの画像を電子データに変換してサーバーに格納し、モニター画面で見られる状態にしました。

事故から半年後の画像で、脳室が拡張していることを確認できました。脳室の拡張の意味するところは、事故の衝撃が傷として頭に残っているということであり、また、高次脳機能障害の兆候があると考えられます。

事故から10か月後に撮影したＭＲＩ検査の所見は、外傷を受けたとみられる脳の部位から特殊信号が認められ、傷が残存しているというものでした。

ＭＲＩ検査とはご存じのように強力な磁石でできた筒の中に入り、磁気の力を利用して体の臓器や血管を撮影する検査です。

②ＭＲＩは磁気を利用して小さな病変を捉える

ＭＲＩが体内の異変を捉える技術を簡単に説明しましょう。ＭＲＩ検査を受けているときにはドンドンと大きな音がしますが、ＭＲＩ装置は、撮影に必要な傾斜磁場コイルに電流を流すとコイルが振動するため、鉄道の高架下のような大きな音が出ます。あまりにもうるさいので、耳栓を用意してくれる病院もありますね。

磁気が発生しているあの大きな筒の中で、人間の体内の水素分子の原子核が外からの電波に共鳴して自ら微量の電波を発します。この電波の量を分析し、傷やがんなどの異変を目に見えるような形に画像化するものです。

対照的に、PETは病変の「形」ではなく、細胞がブドウ糖を代謝する量という「質的な変化」の度合いを捉えて赤、黄、緑、青の色のスペクトルで画像化する技術で、肉眼で捉えられない、ごく小さな異変を「見える化」できます。

残念ながら事故当時の1990年代にはPETはまだ一般化していなかったため、この患者さんはPET検査を受けることはできませんでした。ただ、当時としては「最先端」のMRI画像のフィルムが残っていたことは幸いでした。

③高次脳機能障害には認知障害と人格障害の2つがある

今の技術レベルであれば、高次脳機能障害の兆候を捉えることができたはずですが、残念ながら当時は見過ごされてしまいました。

厚生労働省によると、高次脳機能障害のある人の数は、およそ30万人といわれています。その原因は、交通事故などによる頭部外傷や、脳血管障害の後遺症です。

どのような障害が現われるかというと、大きく分けて認知障害と人格障害の2つがあります。認知障害としては、記憶や記銘力障害、集中力の障害、遂行機能障害、判断力低下等があり、人格障害は、感情が変化しやすい、暴力・暴言がある、攻撃性が顕著、多弁、自発性・活動性の低下、病的嫉妬、被害妄想等が見られます。

芸能界を引退した小室哲哉さんは妻のＫＥＩＫＯさんが高次脳機能障害であることを明かし、その病状について、「今は小学4年生ぐらいの漢字のドリルを楽しんでやっている」、「音楽に興味がなくなり、歌わなくなってしまった」、「大人の女性に対してのコミュニケーション、会話のやりとりができなくなった」などと述べていました。

④事故から14年後に高次脳機能障害の診断がつく

事例に戻りましょう。患者が交通事故に遭った4歳のとき、頭を強く打ったので家族は心配しましたが、幸い、マヒなどの身体的な障害はまったく見られず、情緒面、行動面でもとくに問題がなく、小学校、中学校ともに学業成績はほかの子と変わりはなかったそうです。

ただ、診療記録を詳しく調べてみると、事故から2年後（当時6歳）に自室でてんかん発作を起こし、意識が消失したことがありました。てんかんの発作は、一度起こすと繰り返すことが多いので、薬物治療を受け、一時的に発作は収まりました。しかし3年後、患者さんが9歳になったときにてんかん発作が再発し、救急車で搬送されたと記録に残っています。

高校に進学したのち、勉強に集中できないといった注意障害の症状が現れ、友だちとトラブルになるといった情緒面での変化もあり、病院で受診したところ「高次脳機能障害の疑いあり」との診断が出て、リハビリテーション科に入院することになりました。このとき17歳。事故から13年後のことでした。

⑤労災の高次脳機能障害整理表を用いて検証

17歳にして初めて診断名がついた高次脳機能障害が、4歳のときの交通事故が原因であることを立証してほしい――。弁護士を通じてご両親からご依頼をいただき、メディカルリサーチが検証を行うことになりました。

交通事故が原因であることが医学的に証明されれば、自賠責保険による補償を受けることができます。ただ、高次脳機能障害という診断名が周囲の人々に知られてしまえば偏見につながり、子どもの将来に悪い影響を及ぼすのではないかと、ご両親は複雑な思いがしていたようです。

私たちが着手した作業は、労災保険の高次脳機能整理表に定義されている障害の状態が、この患者さんにあてはまるかどうかを検証することです。

高次脳機能障害整理表は、障害によって喪失された能力の分野について、①意思疎通能力、②問題解決能力、③作業不可に対する持続力・持久力、④社会行動能力の4区分に整理し、喪失の程度をA（多少の困難はあるが概ね自力でできる）、B（困難はあるが概ね自力でできる）、C（困難はあるが多少の援助があればできる）、D（困難はあるがかなりの援助があればできる）、E（困難が著しく大きい）、F（できない）の6段階に分けています。

⑥脳には機能局在がある

この整理表で使われている脳の４つの能力のうち、どれがどの程度失われているのか。それを医学的に証明することが、私たちの使命でした。

脳には「機能局在」といって、脳のどの部分がどの機能を担っているのか、いわば機能の住所番地が存在すると理解することができます。

この事例については、交通事故で損傷を受けた部位が、喪失された能力をつかさどる部分であると鑑定することになります。

この患者さんは、言語中枢があり、コミュニケーション能力をつかさどる部位がある側頭葉、ものごとを判断し、実行する遂行機能をつかさどる部位のある前頭葉を受傷していました。

事故のときには、左側面から転倒したと記録に残っていましたが、なぜ、広範囲にわたって受傷のあとが見られたかというと、脳の中で「反衝損傷」が起きていたからだと考えられます。

⑦反衝損傷で成長してから障害となって現れる場合も

反衝損傷のメカニズムはこうです。コップの水の中に丸い氷を浮かべた様子をイメージしてみてください。コップを揺らすと、氷はコップの片側にぶつかったかと思うと、その反対側にもぶつかります。

同じことが頭がい骨の中で浮かんでいる脳にも起きるのです。転倒の衝撃が大きかったために、頭部の接地面に近い脳の部分と、その反対側に反衝損傷が起きたと考えられます。

この事例から私たちが学べることとしては、子どものときに受けた脳のダメージは、その直後には特別な症状として現れなかったとしても、成長してから障害となって現れてくる場合があるのです。

子どもは発達過程において、学習や社会的な体験を通じて、さまざまな能力を獲得していきます。

しかしながら、脳に損傷があった場合、どんなに学習しても、能力を伸ばすことができなくなるリスクがあります。いわば、古い傷が障害の「時限爆弾」となってしまうことがあると考えられます。「時限爆弾」の影響は、対人関係を構築する能力といった社会的な能力にも関わり、その人の人生を左右する大問題となり得ます。

⑧医師による診断書が決め手になる

交通事故などでケガを負い、障害が残った場合は、その障害の等級によって補償金額が変わります。障害の等級を認定する根拠となるのが、医師による診断書です。

この事例のように、障害はその人の人生に大きく影響するため、「慎重を期して念入りに書くようにしている」と、多くの医師は語っています。

良心的であり、なおかつ最新の医療技術を駆使して、多方面から障害を医学的に鑑定する能力をもつ医師に巡り合うことができれば幸いです。ただ、一般の多くの方々は、そのような医師がどこにいるのかわからないかもしれません。

もしも、事故のあとで治療を受けたのに、ずっと消えない症状が残ったとしたら、交通事故専門の弁護士に相談して、自賠責保険の請求に関わる診断書作成の手配をしてもらうといいでしょう。優秀な弁護士さんであれば、医師や検査機関のネットワークをもっていて、適切に行動してもらえると期待できます。

医療の専門家と違い、一般の方々には「予後予測」が難しい。事故や病気の「予後」を予測することは非常に難しいでしょう。

事故や病気のリスクを最小限にする「患者学」

リスクに備えるために多くの人は保険に加入しますが、それだけでは十分とは言えません。保険は、何かが起きたあと、そのダメージに見合うとは必ずしも言えない金額の補償金を得られるに過ぎないのです。

子どもや青年の場合、その障害がなければ当然、獲得できたに違いない利益を想定した補償金の算定が大きくなりますが、失われたチャンスは取り戻せないのです。

つじつまの合う計算とは言えませんし、心理的なダメージはお金で補うことは難しいのです。だからこそ、不幸を招く事故は防がなければなりませんし、事故と同様に深刻な後遺症をもたらす病気も防がなければなりません。

病気の予防であれば、個人でできることはたくさんあります。事故の予防には、本人だけでなく、地域社会の協力や、社会のインフラ整備が必要です。それにしても、100パーセントの予防は難しい。ただ、病気や後遺障害は、早期に発見して治療やリハビリにつなげれば、回復が見込めます。どのような医療機関で、どのような治療を選ぶかについては、何もかもお任せではなく、いわば「患者学」とも言える学びと情報収集が欠かせません。

知は力なり

私たちメディカルリサーチは、意思能力®鑑定や医学鑑定を通じて、いわばリスク社会の裏方として、人々の安全と安心な暮らしを支えることを使命としています。

安全で安心な暮らしを守っていくには、知識と知恵が必要です。とはいえ、医学的な知識は壁が高いように感じられるかもしれません。

ただ、最近はインターネット上に病気の診断基準や標準的な治療法、薬の知識などのさまざまな情報が公開され、誰でも見ることができます。

実際の治療や薬物の処方を自らすることはできませんが、ただ、どのような治療を望むかについての意思表明をすることはできますし、医師から複数の方法を挙げてもらい、その中から患者が選ぶことができます。

「知は力なり」と言います。自分と家族の命と安全・安心な暮らしを守るためには、知識が必要です。

この本を通じて、医学や予防医学の知識と当事者の意思能力®を「力」として使う方法について、みなさんにお伝えすることができれば幸いです。

[著者紹介]
圓井順子（まるい・じゅんこ）

兵庫県生まれ。地元短期大学卒業後に就職するが、幼少期からの看護師になることを諦めきれず、25歳で看護専門学校入学。

2004年　佐藤俊彦医師代表の株式会社ドクターネットに入社
2012年　医療法人社団NIDC理事就任
2015年　メディカルリサーチ株式会社取締役就任
2016年　メディカルリサーチ株式会社代表取締役就任
2016年　vediclinic顧問就任
2018年　NPOピンクリボンうつのみや理事就任

人生のリスクを未然に防ぐ意思能力鑑定
「認知症」でも家族が納得する遺産相続

著　者　圓井順子

二〇一八年八月二〇日　初版印刷
二〇一八年八月三〇日　初版発行

発行者　山下隆夫
発行　株式会社　ザ・ブック
東京都新宿区若宮町二九　若宮ハウス二〇三
電話（〇三）三二六六－〇二六三

発　売　株式会社　河出書房新社
東京都渋谷区千駄ヶ谷二－三二－二
電話（〇三）三四〇四－一二〇一（営業）
http://www.kawade.co.jp/

印刷・製本　株式会社　公栄社

落丁・乱丁本はお取り替えいたします

ISBN 978-4-309-92152-5 C0034